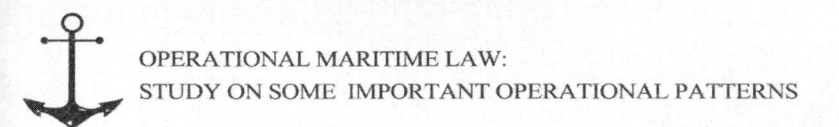

OPERATIONAL MARITIME LAW:
STUDY ON SOME IMPORTANT OPERATIONAL PATTERNS

# 海上军事行动法
## 部分重要行动样式研究

韩晓峰　邵晶晶◎著

时事出版社
北京

# 目 录
## Contents

前言　海上军事行动法面临的挑战 ………………………………… 1

第一章　海上军事行动法概述 …………………………………… 5
　　一、交战权专属于战舰 ……………………………………… 5
　　二、受保护的船只及人员 …………………………………… 8
　　三、合法目标 ………………………………………………… 15
　　四、作战方法与手段 ………………………………………… 19

第二章　军事力量在不同水域的行动规则 ……………………… 22
　　一、领海水域行动规则 ……………………………………… 22
　　二、国家管辖海域行动规则 ………………………………… 24
　　三、公海行动规则 …………………………………………… 27
　　四、国际海峡行动规则 ……………………………………… 29
　　五、群岛海道行动规则 ……………………………………… 32

第三章　海上布雷行动 …………………………………………… 34
　　一、敷设水雷行动 …………………………………………… 34
　　二、国际武装冲突法关于海军水雷和航行权的规定 ……… 36
　　三、和平时期布雷 …………………………………………… 49

第四章　海上搜救行动 …………………………………………… 57
　　一、搜救行动简介 …………………………………………… 58

二、全球搜救体系概况 …………………………………… 59
三、援助进入 ……………………………………………… 76
四、搜救行动中的强制撤离 ……………………………… 86

## 第五章　打击人口偷渡和贩运行动
### ——以欧盟地中海"索菲亚行动"为例 …………… 91
一、欧盟对"索菲亚行动"的授权 ……………………… 92
二、联合国安理会第2240（2015）号决议 ……………… 94
三、船旗国同意与联合国安理会第2240（2015）号决议 … 95
四、海上人员救助 ………………………………………… 96
五、获救与被捕人员的上岸登陆 ………………………… 97
六、个人数据的采集与传送 ……………………………… 98
七、使用武力与交战规则 ………………………………… 99

## 第六章　打击海盗行动
### ——以打击索马里海盗为例 ………………………… 102
一、海洋法关于海盗行为的规定 ………………………… 102
二、联合国安理会关于索马里的决议 …………………… 105
三、起诉海盗 ……………………………………………… 107

## 第七章　海上捕获和禁运行动 ……………………………… 114
一、捕获法及禁运法简介 ………………………………… 114
二、捕获和禁运的定义 …………………………………… 115
三、历史回顾 ……………………………………………… 116
四、当代国际公法 ………………………………………… 119

## 第八章　海上临检行动
### ——以"非国家间武装冲突"中
### 公海水域临检行动为例 …………………………… 149
一、有关"非国家间武装冲突"中登临权的三个理论 … 150

二、"非国家间武装冲突"中的登临意图 …………………… 152
　三、理论优势 ……………………………………………… 153
　四、可能的隐患 …………………………………………… 153

第九章　海上占领行动 ……………………………………… 155
　一、法律依据和范围：占领法与海上领土 ……………… 155
　二、军事当局：相关要求与适用法律 …………………… 160
　三、占领方的权利和义务 ………………………………… 168

第十章　海上封锁行动 ……………………………………… 179
　一、封锁 …………………………………………………… 179
　二、封锁法 ………………………………………………… 180
　三、中立法 ………………………………………………… 181
　四、封锁法的发展历程 …………………………………… 184
　五、对编纂封锁法的尝试 ………………………………… 184
　六、20世纪的实例 ………………………………………… 187

# 前 言
## 海上军事行动法面临的挑战

　　法律问题是军队走向世界不可逾越的一道门，走错了可能处处碰壁，走对了可能成为突出重围的出路。海洋是军队走向世界的最便捷渠道，与海洋相关的法律，尤其是海上军事行动法，是各国海军尤其是大国海军走向大洋必备的行为准则。当前各国军队在海上面临的法律挑战有哪些？各国海军在海上开展行动时，应如何适应现代冲突中不断变化的法律挑战？随着海军海上行动任务范围不断拓展，出现了很多现有国际法无法规范的问题和"灰色地带"，亟需在深入研究这些行动样式的基础上，探讨适用这些行动的国际法。

　　海上冲突是现代冲突的重要形式，随着非国家行为体的加入和"非国家间武装冲突"（Non-international Armed Conflicts，NIAC）的不断涌现，海上冲突面临空前复杂的局面，并由此带来很多当前国际法无法全面规范解决的法律问题，如"诉诸战争权"问题（jus ad bellum），即管辖一国诉诸武力的合法性的国际法，又称开战正义；还有"战时法"（jus in bello）问题，即管辖武装冲突的国际法，又称交战正义。尽管涉及海上行动的法律争议没有陆上多，但出现的新情况新问题却丝毫不少。综合近年来海上法律焦点，主要可以划为三类：一是海上安全（maritime security）问题；二是海军行动中人（person）的问题；三是海军力量参与"非国家间武装冲突"（NIAC）问题。这三个焦点既自成体系，又相互联系，需要进行全面观察和理解。

　　一国面临的海上威胁多种多样，很难具体定义。通常来说，海上安全是指包括非法捕鱼、港口和船舶安全、海盗、船上难民、海上恐怖主义和海上大规模杀伤性武器等在内的一系列安全问题。

　　今天，各国普遍认为海军在维护海上安全过程中发挥越来越重要的作用。但传统军事安全问题已不再是海上安全的唯一核心问题，军队也只是维护海上安全的多种手段之一。一些私人安保公司（private military company）正在为商船和海上贸易提供保护，但这也引起了很多法律问题，如私人安保公司在伊拉克和阿富汗的行动曾引起很多法律争议，它们在应对印度洋海盗过程中也带来很多法律问题。在这些争议和问题背后，是我们对私人安保公司法律地位的思考——它们会成为除海军外，受欢迎的海上贸易保护力量吗？它们会成为海军的备选力量还是取代者？它们应如何越过使用武力这一法律门槛？这些都是值得深入研究思考的问题。

"格劳秀斯"理论强调海上自由，也是海上安全的经典理论。但随着海上安全形势的迅速演变，越来越多的人倾向于从政治和战略层面思考海上安全问题，即为了应对海上安全威胁，必须充分了解海上安全环境；为了了解海上安全环境，必须建立强大的海上安全态势感知能力，甚至在一定程度上掌控海上安全环境。基于此，形成了诸如"海上监管行动"（policing the sea）和"海上安全行动"（maritime security operations）等术语。由此可见，现代海上安全思想正在与传统海上自由思想渐行渐远，而这一思维的转变，也必将带来法律思维和法律概念的深刻变化。

人是海上安全的重要因素。传统海战和海军行动主要关注货物和船舶，如海上禁运行动。而今海上军事行动主要聚焦于人，军舰的主要任务是应对海盗、海上难民、贩卖奴隶、毒品走私、雇佣兵和恐怖分子等。海上军事行动的焦点正在从传统中的货物和船舶向人转移。

这种焦点的转移也给相关海洋法带来新的挑战。近年来，人权法越来越多地出现在涉海活动之中，如海盗和被捕毒贩的基本人权问题、公正审判和拘留权问题，以及海上难民不得遣返问题等。部分涉及海上人权的案件已提交欧洲人权法庭。在人权法大量应用于海上环境的大背景下，人权法和国际海洋法之间的交错带来很多法律挑战。如两部法律关于搜救行动和执法行动就存在很大差异，在人员救助方面也存在类似的问题。

· 前言　海上军事行动法面临的挑战 ·

另一个挑战是海上军事行动的"法律终止"（legal finish）问题，涉及传统捕获法的应用方式，可分为两个阶段：一是从海上船舶或人员被捕获之日开始的海上法律程序；二是在海上行动结束后的后期行动。这两个阶段之间的顺利衔接本身就是一种挑战，需要把捕获的人员移交给捕获国或愿意执行法律程序的他国，并确保有足够的法律证据。今天，海军执法行动需要更加重视第二阶段中的后期行动，进而真正为海上军事行动"法律终止"画上圆满句号。

随着非国家行为体越来越活跃，当今世界很多冲突表现为"非国家间武装冲突"，并带来很多法律问题，如拘留问题、国家间和非国家间冲突的定性问题、战场法律界限问题等。近年来发生的很多武装冲突都具有这种性质，如利比亚冲突、也门冲突、伊拉克冲突等。海军参与这些冲突之中，经常面临棘手的法律问题。如在加沙和也门海岸地区发生的武装冲突是否适用海战法或封锁法（这两部法律原本只规范国家间冲突）？在针对非国家行为体的斗争中，如何有效履行登临权和搜查权？拘留与冲突无关的船旗国船上人员的法律可行性是什么？等等。

随着时代的变迁，尽管海上安全形势正在发生深刻变化，但传统的国家间武装冲突并未成为过去时。这就要求海军指挥员必须具备应对全频谱冲突和危机的能力，既能应对常规冲突，也能应对当前法律无法覆盖的"灰色地带"武装冲突；既能开展执法行动，也能有效恢复国际和平。

研究海上军事行动法可以采取两种视角。第一种是以军事行动为中心，思考国际法在哪些方面可以适用，以及在军事行动中二者如何相互关联，通常被称为"国际军事行动法"（International Law of Military Operations）。第二种是以海上安全为中心，其法律分支学科名称是"海上安全法"（Maritime Security Law）。尽管二者在名称上有相近之处，但"国际军事行动法"和"海上安全法"有很大不同，前者的关注焦点是安全和军事行动；后者的范围更广，除涵盖军事行动外，还包括诸如港口安全、商船安全和海洋环境等问题。可以说，海上安全法包括与海洋有关的所有安全问题。本书主要研究海军舰船在海上行动中面临的法律问题，因此采用的是第一种视角。

研究海上军事行动法，不仅有助于理解海上行动规则，做到依法行动，更重要的是，随着新情况新问题的出现，很多现有法律已无法规范或解释某些行动，需要对原有法律条文进行引申解读，或源引其他法律规范证明己方行动的合法性（justify），这就需要各国尤其是海军强国在充分掌握海上军事行动法的基础上，善于运用国际法为自己辩护，只要能自圆其说，就可在国际斗争中占得先机，进而赢得国际话语权。在此方面，美国无疑是运用国际法的"老手"。美国发起针对中国的"航行自由行动"，就是假借国际法的名义，行介入南海争端之实。事实上，国际法上的"航行自由"与美国提出的"航行自由行动"是两码事，前者是国际法原则，后者是美国的国内政策实践，二者之间除了在字面上很相似之外，其实没有实质联系。之所以这样说，是因为美国开展"航行自由行动"的主因是挑战沿海国的"过度"权利主张，而这些主张中的重要一条是世界上很多国家坚持并执行的"外国军舰通过其领海前必须事先通知或事先授权"的规定，但美国坚持所有船舶（包括军舰）均可享有无害通过他国领海的权利。对于军舰是否有此项权利，国际法至今没有定论，很多国家尤其是发展中国家坚持"事先通知或授权"原则，而美国等海军大国坚持军舰拥有"无害通过他国领海的权利"。为此，美国发动"航行自由行动"，挑战他国领海，而相关沿海国也据理力争，捍卫领海主权。从法律层面讲，由于国际法在此方面的缺位，双方的行动都有各自的法理依据，都无可厚非，但美国通过巧妙包装，混淆自己的"航行自由行动"与"航行自由"国际法原则，将自己置于国际规则仲裁者的位置，霸占了道义制高点，致使相关国家捍卫领海主权的合法行动显得不合法，甚至在强大舆论渲染之下，成了"规则破坏者"。在此方面，中国无疑是典型的受害者。通过这一案例，我们也可理解巧用、善用国际法工具的重要性。

# 第一章
海上军事行动法概述

## 一、交战权专属于战舰

1856年以前,海上交战权并非战舰专有,任何船只都可以攻击敌方的战舰、商船,登临、检查甚至拿捕它们,并根据捕获法(prize law)摧毁这些商船。尽管这样做的合法性始终受到质疑,但那时君主或国家可以随意授权个体代表他们履行交战权(或私掠权)。① 由于授权的存在,这些个体不可被视为海盗,而且这些行为也符合当时的正义战争理论,即发动战争的决定必须是由君主或国家做出的。这种利用个体履行交战权的做法对中立贸易非常不利,因为其他船只很难判断出他们是否经过了政府的授权,除非他们有机会向其展示手中的特许状。尤其是在战争期间,清晰区分战舰/政府船只以及私人船只/商船对中立国商人来说至关重要,因为根据当时的海战法,它们只须服从交战国战舰的命令。

(一)水面战舰和改造的商船

1856年,当时世界上51个国家达成了《巴黎宣言》,一致同意废止海上私掠行为。② 直到1907年的海牙和平会议时,尽管当时没有任何一部条约公开将交战权限于战舰,也没有给战舰下一个清晰的定义,但与会代表显然都同意废止海上私掠行为,并规定海上交战权专属战舰。1907年的《海牙第七公约》还对商船改造成战舰提

---

① Colombos 1967, p. 513 et seq; Oppenheim 1952, p. 261 et seq.
② Paris Declaration: "1. Privateering is, and remains, abolished".

出明确要求，这些要求几乎与1982年通过的《联合国海洋法公约》以及相关国际习惯法对"战舰"的定义十分吻合。[①]

在这一背景下，将商船改造成战舰的规定绝不能被简单视为"私掠权"的复活。首先，《海牙第七公约》（1907年）明确规定，"绝不会废止《巴黎宣言》中关于废止私掠权的规定"。其次，改造后的船舶不再归私人船主而是由指挥官支配，它们是各国海军的组成部分，要经过相应标识，其船员也要受到正规军事条令约束。当然，通过这种改造海上弱国可以弥补其实力上的不足，正如他们当初通过授予"私掠权"弥补自身不足一样，但《海牙第七公约》对改造船只的严格要求断绝了这些国家寻求变通的可能性。

然而，《公约》还有两点并不明确：一是改造的地点；二是战争期间再次改回的合法性。当时，一些国家认为不可以在公海上将商船改造成军舰，而另一些国家则认为改造地点无关紧要，只要符合《公约》要求就行。对于战争期间，一艘被改造成战舰的商船能否再次被改造回来的问题，各方也无法达成一致。

## （二）潜艇

1907年海牙和平会议期间，各方对潜艇的战舰地位进行了明确。如果该潜艇由武装力量操作，进行了合理标识，由指挥官指挥，由船员依规操作，那么它就可以成为战舰，即成为海战的合法手段。当时，英国政府极力推动认定潜艇非法，因为潜艇会对英国水面舰艇构成威胁，但其他国家拒绝接受，因为它们希望保留这一有望挑战超级水面霸权的手段。第一次世界大战的实践表明，有必要明确海战法尤其是捕获法对潜艇的适用性。尽管潜艇上浮后会非常脆弱，容易遭到商船撞击和军舰袭击，但1930年《伦敦海军条约》第22条还是规定，"潜艇针对商船的行动必须遵守国际法约束战舰的规定。"直到今天，在国际武装冲突中海战法适用所有潜艇作战行动这

---

[①] Venturini 1988, p. 120 et seq; Tucker 1955, p. 40; Colombos, p. 517 et seq; Heintschel von Heinegg 2012a, p. 791 et seq.

一规定，已成为国际社会的普遍共识。①

这一规定与前面提到的传统海战法原则一脉相承，即"只有交战国的海军才能向敌人发动攻击"，"在海战中，判断对方是交战国海军还是交战国商船，是决定其是否是交战方的前提条件"。② 换句话说，交战权专属于战舰。这其中既包括被改造成战舰的商船，也包括潜艇，与其是否经过武装无关。其他国家的船只，尤其是辅助船只、警用船只和海关船只，都无权履行交战权。

（三）传统国际法对交战权的规定至今依然有效

传统国际法对于进攻作战的规定似乎过于呆板。根据传统国际法，攻击敌方合法目标的权利专属于战舰。很多人对此提出质疑，他们的依据是，如果一艘武装商船或政府船对敌方合法目标发动袭击，那么这种袭击自然会导致其丧失自我保护的权利，但事实上这种袭击不会必然被视为违法。况且在20世纪的国际武装冲突中，各国使用的舰船都是《海牙第七公约》(1907年) 规范的战舰或经改造的商船。而在第一次世界大战中，英国和法国使用了所谓的"Q船"③；在两次世界大战中，英国都武装了大量商船，而且英国也没有充足证据证明所有袭击都是由战舰执行的。但我们也要清楚，当时英国武装其商船的依据是交战国商船有拒绝被登临、检查以及拿捕的权利。这样做并非意味着英国授予这些商船攻击敌方军舰的权利或具备了针对敌方商船的交战权。自1945年以来，各国在武装冲突中使用的船只都是配属于正规部队、由军人操作的船只。而且海战不仅局限于交战国水域，也有可能延伸至公海。这样就有可能影响到中立国通行和飞越。由于海战法重点强调国际水域内的军事行动，无论是交战方还是中立方都遵循这些规则，所以传统国际法关

---

① San Remo Manual 1995, para 45; NWP 1 - 14 M 2007, para 8.7; German Manual 2013, para 1054; UK Manual 2004, para 13.31; Canadian Manual 2001, para 826.

② Tucker RW (1955) The law of war and neutrality at sea. Government Printing Office, Washington D.C, U.S, p.38.

③ Q船是一种伪装成商船的反潜船，任务是欺骗、诱捕以及击沉德国潜艇。今天，根据相关国际法，使用Q船是违法的。

于交战权的规定至今依然有效，只有战舰可以履行交战权，只有战舰可以对敌人或中立国船只（或飞机）发动袭击，只有战舰可以发动袭击或采取拿捕措施。

然而，以上这些事实无法规范无人海上装置的法律地位。这些装置正在被各国海军广泛用于各种领域。如果它们的设计和使用都出于攻击目的，那么很显然可以被认定为合法的战争手段，但它们却不是严格意义上的战舰，因此自然不能允许它们履行交战权，仅可使用它们攻击敌方合法目标。况且，这些装置也无法享有独立的通行权，即在中立水域以正常模式行使过境通行权和群岛海道通行权。[①] 至今各国对于这些无人航行器的法律地位还没有定论。

美军规定，无人驾驶潜航器（UVV）是指从水面、水下或空中发射平台发射的自动控制或遥控的水下船只。无人驾驶潜航器只服务于国家并用于非营利用途，享有豁免权。其地位与其发射平台无关。[②] 根据这一定义，美军显然认为，无人潜航器拥有和军舰一样的豁免权，进而拥有交战权。

## 二、受保护的船只及人员

十九世纪末二十世纪初，各国正式同意对医院船给予特殊保护，并同意交战方的部分特定船只可以免于被拿捕或攻击。此后，有关这些特定船只的规定基本没有变过，但随着条约签订和各国实践拓展，关于医院船的规定发生了巨大变化。基于此，受保护人员的范围也得到了相应的拓展。

### （一）《海牙第六公约》及《海牙第十一公约》

以《海牙第六公约》和《海牙第十一公约》为代表的传统国际

---

[①] 美国海军部著，宋云霞等译：《美国海上行动法指挥官手册》（2007 版），海军出版社 2012 年版。

[②] 美国海军部著，宋云霞等译：《美国海上行动法指挥官手册》（2007 版），海军出版社 2012 年版，第 22 页。

法规定，敌方部分船只可以免于被拿捕和征用。① 这些船只大多执行人道主义任务（尤其是为沿岸居民提供生存必需品）或其他与正在进行的海上冲突、战争无关的活动，如科研活动、宗教活动等。根据海上拿捕法，这些船只的特权仅限于免于被捕获或攻击；然而，一旦发现其从事支援敌方战争行动的行为，这些特权就会丧失，进而成为合法的被攻击目标。

## （二）医院船

在十八至十九世纪的海战中，运送、救治伤员的船只常常需要海军伴随。当时也出现了一些关于保护这些船只的一般规定。相关规定首次出现在1868年的《附加条款》（Additional Article）中，但该《附加条款》最终没有被正式采纳。直到第一次海牙和平会议期间（1899年），该《附加条款》才"被认为是支撑1864年海牙公约中关于海战规则的最佳依据"。会议期间通过的《海牙第三公约》（1899年）第1条规定，军队医院船"在战事持续期间应当受到尊重并免于被捕获"。第2条和第3条规定，这些保护条款也适用"敌方或具有中立性质的私人医院船"。② 在第二次海牙和平会议期间（1907年），各方代表再次肯定《海牙第三公约》（1899年）的规定，并认为无须大的改动。然而，在两次世界大战期间，两次海牙和平会议形成的规定暴露出明显不足，尤其是由于缺少关于医院船最低吨位的规定，致使该公约效力远远低于起草者的预期。直到1949年《海牙第二公约》获得通过，制约医院船特殊保护规定的很多问题才得到最终解决。然而，随着科技的发展，很多国家开始反对医院船的特殊保护规定，它们纷纷签署并执行新的条约规定，给《海牙第二公约》（1949年）以及后续达成的《第一附加议定书》（1977年）的效力带来很大变数。

---

① Tucker 1955, p. 87 et seq; Shearer 1988, p. 184 et seq; de Guttry 1988, p. 103 et seq.

② See the summary of the 2nd meeting of the First Sub-Commission of the Second Commission of the 1899 Hague Conference, in: Conference Report 1899, p. 444.

## （三）通信手段

医院船所使用的通信手段是个具有争议的话题。《海牙第十公约》（1907年）第8条第2款最早对医院船的通信设备做出规定，即允许使用无线电报设备，但也有人质疑这一规定的合理性。两次世界大战期间，有些装备了无线通信设备的医院船被用来发送军事信号，引起各方对医院船通信手段的较大争议。《日内瓦第二公约》（1949年）第35条第2款做出了与《海牙第十公约》（1907年）类似的规定，"医院船上安装了仅用于通信的设备，不能因此剥夺其受到保护的权利。"与此同时，第34条第2款明确禁止医院船"拥有或使用加密的无线或其他通信手段"。① 有趣的是，该规定的两个具有相同权威性的版本——英文版和法文版，却在表意上有很大不同。

其中，英文版禁止医院船使用所有加密的通信手段，包括发送手段和接收手段；而法文版仅禁止在无线或其他通信手段中使用加密系统发送信息（注意：此处仅提到发送信息，不包括接收信息）。追溯《日内瓦第二公约》通过时的历史背景，当时还没有可同时发送和接收信息的无线电或其他通信手段。因此，两个版本的不同也反映了当时各国的实践和技术发展水平。就医院船自身而言，必须具备及时接收其所在作战区域信息的能力，而如果这些信息以明传方式发送，那么敌方就可能获知其作战计划，因此如果禁止加密发送，那么就相当于卡住了通信的脖子。

随着船载通信技术的不断进步，卫星通信开始被广泛应用于包括医院船在内的大部分船舶。为此，美国的立场是：

随着加密技术和卫星导航技术的发展，尽管很多人已意识到问题的严重性，但并没有通过条约加以解决。传统国际法中关于禁止医院船"加密"通信的规定，与现代加密系统中的"加密"是两码事。这是一个无法回避的现实问题，因为我们必须阻止这些现代加密系统在医院船上被用于任何威胁其潜在对手的军事目的。②

---

① 《日内瓦第二公约》（1949年）第34、35条。
② NWP 1-14 M 2007, para 8.6.3.

尽管卫星通信要以加密技术为基础，然而缔约国却认为这并不违反《日内瓦第二公约》(1949年)第34条第2款的规定。有趣的是，至90年代在起草《圣雷莫手册》时，"微弱多数"的专家开始认为"《日内瓦第二公约》(1949年)第34条第2款规定可以引申为禁止使用卫星通信，而且该规定仍有指导意义"。因此可以说，《圣雷莫手册》明确禁止医院船使用加密设备。然而从各国的实践看，使用卫星通信是否违反《日内瓦第二公约》(1949年)第34条第2款的规定至今仍无定论。

## （四）医院船的武器装备

医院船的船员出于维护秩序、自卫或保护伤病员等需要，可以携带并使用武器。这一原则早在1907年的《海牙第十公约》第8条中就得到了肯定，1949年的《日内瓦第二公约》第35条第1款又予以确认。根据《日内瓦第二公约》第35条第2款规定，(医院船)也可以携带"从伤病员手中或失事船舶上获取的、还未来得及妥善处理的便携式武器和弹药"。然而，如果医院船上装备的重武器超过了第35条第1款和第2款允许的范围，那么该船将丧失国际人道主义法规定的特殊保护权。

相比之下，美国有关医院船武器装备的规定就与国际法的规定大相径庭。[①]《美国海上行动法指挥官手册》(2007版)规定：

由于威胁环境的变化，很多交战团体或行为体未能认清（船上）用于指示受保护地位的红十字标志。美方认为，应当为医院船配备人员和防御性武器系统，如反导系统或班组武器系统，以应对小艇威胁，开展反恐和部队保护行动，同时也可以为船员配发小武器，这些都与医院船的人道主义使命和救助伤病员的义务是一致的。[②]

事实上，如果有足够的证据表明某些行为体故意无视国际人道主义法关于医院船的保护权利，试图对其发动攻击时，医院船当然

---

[①] 根据媒体报道，在2003年伊拉克战争期间，美国医院船"安慰号"装备了诸如30毫米和50毫米口径的机关炮，以应对蜂拥而至并装备重武器的快艇和自杀式工具，这样的口径显然超过了自卫范围。

[②] NWP 1 – 14 M 2007, para 8.6.3.

有进行自卫的权利。但是，根据《日内瓦第二公约》(1949年) 第34条第1款规定，如果医院船被武装到足以威胁战舰的程度，那么交战方不可能继续尊重并保护医院船，因为这种行为可以被视为"伤害敌方的行为"。① 在1990年伊拉克—科威特武装冲突期间，英国认为，在遵守《日内瓦第二公约》关于医院船规定的前提下，确保对医院船给予有效保护是不可能的。② 此外，除了轻武器和便携式单兵武器外，很难甚至无法区分防御性武器与进攻性武器，因此，如果仅为医院船装备个人轻武器或诸如箔条和曳光弹等"纯引开式"自卫手段显然也是不合适的。③

### (五) 受保护人员

在海上武装冲突中，受保护人员的范围在逐渐扩大，救助伤病员和海难人员的一般义务与医院船提供救援的义务需要进行区分。

### (六) 受保护人员的范围

#### 1. 武装力量人员

《海牙第三公约》(1899年) 和《海牙第十公约》(1907年) 都关注武装冲突中对双方部队伤病员和海难人员的保护，并没有对陆上部队和海上部队做出区分。1949年通过的《日内瓦第二公约》第12条第1款和第13条第1款都对这一规定进行了确认。根据《日内瓦第二公约》第13条第2款的规定，受保护人员的范围延伸至民兵、志愿军或有组织的抵抗力量，前提是他们满足该条款规定的四个条件，即由其部下负责之人统率；备有可从远处识别之固定的特殊标志；公开携带武器；遵守战争法规及惯例进行战斗。在第二次世界大战期间，一些交战方不愿将在海上被击落的飞行员视为"海难人

---

① San Remo Manual 1995, para 60(f).
② 因此，装备了轻型防空系统的皇家海军"百眼巨人号"，不再被视为医院船，而是作为"伤亡人员搜集船"和运兵船使用。英国也未为其争取医院船应有的特殊保护权。
③ San Remo Manual 1995, para 170.

员"。① 但根据《日内瓦第二公约》(1949年)，这样的狭义解释不再可行，因为根据公约第12条第1款规定，"海难人员来源很广，包括从飞机上被迫落水的人员。"因此，不管出于何种原因，对于敌方正规部队或其配属力量的人员，只要在海上处于危难或无助境地，就应被视为海难人员并予以保护。

2. 商船船员及乘客

海牙公约没有提到敌方或中立国商船船员和乘客的权利。直到1936年，《伦敦协议》(London Protocol)规定，根据海上拿捕法，在摧毁商船之前，必须将其船员和乘客转移至安全的地方。1949年之前，海战法没有关于商船船员及乘客是否构成以及多大程度上构成受保护人员的规定，其受保护的程度则取决于船旗国的国内法。但有一点十分明确，只要是敌国商船上的水手成为武装部队成员，他们就可享受作战人员的权利。随着商船越来越多地参与交战行动之中，他们也开始成为军事打击的目标。② 这样一来，商船船长和船员就越来越依赖正规部队的保护。根据《日内瓦第二公约》(1949年)第13条第5款规定，冲突方商船队中遭遇伤病或海难的船长及船员，如果他们的身份无法享受更有利的国际法保护，那么他们就属于受保护的人员。

然而，《日内瓦第二公约》(1949年)并没有提及对受到攻击的中立国商船船员及乘客的保护问题。该公约第13条第15款仅对冲突双方商船船员和民用飞行器的成员权利进行了明确规定。当中立国商船为敌方军事行动提供帮助后，它们常常被认为具备了敌船性质，那么公约中关于受保护人员的范围便可以延伸到这些船员和船上乘客。这是出于人道主义考虑对交战人员提供的基本保护，但很多人对此仍持怀疑态度，因为根据公约规定，只有当这些人是伤病员或海难人员时，才将保护权间接延伸到他们身上。根据公约第34条第4款规定，医院船、船上医务室及其成员如果出于人道主义考虑向受伤、生病或遭遇

---

① 例如，英国政府通过一项对海牙公约的狭义解释，认为公约中没有哪条规定表明，被击落入海但未受伤的飞行员可被视为失事船员。

② 在"邓尼茨海军上将案"(Admiral Donitz)中，国际军事法庭认为，英国商船装备武器并加入战争的行为使其失去了受保护的地位。参见《圣雷莫手册》(1995年)。

海难的平民提供帮助，不会因此丧失受保护的地位。①

3. 平民

根据海牙公约，海上平民如果不属于上文提到的类别，即便生病或受伤，也不属于受保护人员，他们仅受到《日内瓦第二公约》(1949年)和《附加议定书》(1977年)的间接保护。尽管如此，国际社会存在这样一条共识，即如果在海上发现他们亟需救助，还是要给予相应保护。对于在港口或陆地上既没受伤也未生病的平民，是否享有受保护权的问题，至今仍无定论。当然，原则上讲，妇女、儿童和老人应被视为弱势群体，有权获得相应尊重和保护，但他们不能被认定为伤病员，除非他们急需医治或照顾。如果某些平民正处于极度困顿的状态，如难民，他们也应受到尊重和保护。由于海战法对他们的地位没有进行清晰界定，向他们提供必要援助的最佳途径是交战双方一致同意利用换俘船将他们运送出去。

（七）救助幸存者的一般义务

根据《日内瓦第二公约》(1949年)第18条规定，交战双方都有搜救遭遇海难者及伤病员的义务。这种义务存在于陆战中的"任何时间"，但却很难适用于海战。在海战中，相关义务仅在"每次交战结束后"才产生。至于交战的期限，要视战况而定。某艘舰船被击沉显然不能被视为交战的结束。此外，交战双方仅有采取所有"可能"措施的义务。该规定对于潜艇具有特殊意义，因为潜艇上浮后常常会变得非常脆弱，而且潜艇内也没有足够的空间。② 因此，如果参与搜救会使潜艇面临过度安全风险，那么潜艇指挥官就无须参与搜救行动。但这并非意味着它们无需承担相关义务。一旦条件允许，

---

① 根据《附加议定书》(1977年)第22条规定，医院船可以向遭遇伤病或海难的平民提供帮助，前提是这些平民"不属于《日内瓦第二公约》第13条中规定的人员种类"。

② 当然，我们不能总要求某些特定战舰，如鱼雷艇或潜艇在任何时候都有收容被其击沉船上船员的义务，因为它们常常没有合适的装备和足够的容纳空间。潜艇一般很少靠岸。它们有时不愿意也不能仅仅为了将收容到的人员送上岸而靠岸停泊。一般来讲，关于指挥官的搜救义务至今还没一条绝对的标准。而且如果他们这样做了，很有可能因暴露目标而遭受攻击。

它们仍需要向幸存者提供等待救援或抵达岸边的必要帮助。根据当时情况，它们也可以联系附近的医院船、救援飞机或其他船舶前来营救。

（八）医院船的义务

受保护人员名录是相对有限的，因此对于医院船来说，是否可以以及多大程度上可以救助那些未列入名录的人员就是一个问题。根据《日内瓦第二公约》（1949年）第35条第4款以及《第一附加议定书》（1977年）第22条第1款规定，医院船可以向受伤、生病或遭遇海难的平民提供援助。而港口或陆地上未受伤、生病或"急需医治或照顾"[①]的平民则不属于医院船救助的范畴。但是这一规定却不能为医院船救助难民提供依据。[②]

对于被拿捕并即将被摧毁的商船上的船员及乘客，国际法上有一个重要的例外规定。即尽管医院船有将受伤、生病或遭遇海难的人带上船的义务，但却没有容留被摧毁商船上的受伤乘客和船员的职能。因此，将被摧毁商船上的船员及乘客运送到安全区域仍然是战舰的义务，而不是医院船的责任。如果允许医院船接收商船上的船员及乘客，那势必会导致被扣商船被无限制地摧毁。这样的话，摧毁被捕商船这一例外性质的规定就有可能被滥用。但是，如果该商船上的个别船员或乘客需要立即提供维持生命的治疗，并被送上了医院船，那么在摧毁商船之前，战舰指挥官仍有义务将剩余船员和乘客带到安全地域。

## 三、合法目标

（一）敌方战舰及辅助设施

传统海战法并未对合法军事目标进行界定，但总体上同意将敌

---

[①] 《第一附加议定书》（1977年）第8条（a）。
[②] 1939年，当德国政府想用医院船转移在波罗的海国家的难民时，他们将医院船的标志去掉，将其当作一般的邮轮使用。

方战舰及其辅助设施列为合法目标范畴。现代海战法对其进行了确认。①《第一附加议定书》(1977年) 第52条第2款中关于合法军事目标的界定被认为具有习惯法特征并适用现代海战。② 对于有些人提出的"未武装战舰应当与武装战舰区别对待"的提议从未进入国际法条文。

(二) 商船

根据传统国际法，敌方商船及中立方商船仅适用捕获法。根据习惯国际法，敌方商船可以被没收，除非其符合《海牙第六公约》(1907年)以及《海牙第十一公约》(1907年)的相关规定。《伦敦宣言》(1909年)规定，如果中立国商船运载的过半货物是违禁品(第40条)、从事"非中立服务"(第45、46条)或强力抗拒合法阻停(stoppage)、搜查和没收行动(第63条)，那么该商船可以受到惩罚(condemnation)。"非中立服务"包括直接参与敌对行动(第46条第1款)、运送敌方部队以及为敌方传递情报(第46条第4款)。如果某一中立国商船符合受惩罚的规定，在将所有船上人员安置到安全地域并将所有相关文件带上战舰(第50条)的前提下，作为一种特殊措施，可以将该船摧毁。随后签订的《伦敦协议》(1936年)宣称，这些规定适用于所有商船，不管其属于中立方还是敌方。

在两次世界大战期间，尽管交战方可以出于报复目的击沉对方商船，但国际军事法庭在审判"邓尼茨海军元帅案"时的依据仍是上述条款规定。法庭认为：被告辩称潜艇的安全高于救助的义务，这是海上首要原则，并称敌方飞机的逼近使救助难以展开。情况也许如此，但根据《伦敦协议》，如果指挥官无法对船上成员实施救助，那么根据相关法律规定，指挥官就不能击沉商船，而应当允许其在潜艇面前毫无损害地通过。邓尼茨海军元帅下达的命令，违反

---

① 参见《德国手册》(2013年)及《美国海上行动法指挥官手册》(2007年)。
② 《圣雷莫手册》、《英国手册》(2004年)、《加拿大手册》(2001年)、《美国海上行动法指挥官手册》(2007年)以及《德国手册》都对其进行了确认。

了《伦敦协议》的规定。①

《伦敦宣言》(1909年)和《伦敦协议》(1936年)通过后常常遭到误解,认为商船不属于合法军事目标范畴,只有在特殊情况下,根据捕获法规定,那些应当受到惩罚(condemnation)的商船才可以被摧毁。然而,这些观点与传统国际法和现代海战法都是有出入的。首先,《伦敦协议》(1936年)不适用"受到合理召唤仍持续拒绝停船,或积极抵抗临检的船只"(也就是没有严重到应当被惩罚的程度)。其次,一般来说,《伦敦协议》不适用于已经成为合法军事目标的商船,也就是说,《伦敦宣言》(1909年)和《伦敦协议》(1936年)应当作狭义理解。在1921—1922年华盛顿会议期间,在通过《潜艇条约》草案后,意大利代表就曾指出,"商船"这个词在国际法中只能被理解为"非武装的商船"。在1930年伦敦海军会议期间,某一律师委员会也提出,宣言中所提到的商船,不应包括参与敌对行动的商船,因为它们的行为导致其丧失了商船应当享有的豁免权。② 最后,纽伦堡军事法庭的判决也支持上述观点。对于邓尼茨海军元帅命令其潜艇攻击英国武装商船的行为,法庭并未因此定罪,原因有三:一是当时英国使用军舰为商船护航;二是英国将商船纳入其海军情报预警网络;三是1939年10月1日,英国海军部曾宣布"英国商船在可能的情况下必须撞击德国的U型潜艇"。这样看来,英国商船已丧失了商船应当享有的豁免权。

今天,国际法关于商船的规定已十分清晰。如果商船在用途或意图上对敌方军事行动提供了有效帮助,而且摧毁它们能够带来明显的军事优势,不管其属于敌方还是中立方,都可以成为攻击目标。③ 根据《圣雷莫手册》,如果武装商船"武装到足以对战舰造成伤害的程度",那么它就成为合法的军事目标。换句话说,如果其武装未达到一定限度,如仅仅装备了个人用于防御海盗的轻武器,或

---

① 纽伦堡国际军事法庭(IMT)判决书,第313页。
② 来自伦敦海军会议文件,1930年。
③ 《圣雷莫手册》(1995年)、《英国手册》(2004年)、《加拿大手册》(2001年)、《德国手册》(2013年)以及《美国海上行动法指挥官手册》都做出该规定。

纯防御性系统，如用于干扰来袭导弹的箔条，那么就不能将其视为可被攻击的武装商船，所以在应对武装商船时要格外谨慎，必须首先对其性质做出正确判断。

有个经典案例，即"弗里亚特船长案"（Captain Fryatt）。1915年，弗里亚特作为英国商船"布鲁塞尔号"（The Brussels）的船长，曾撞击德国 U23 潜艇。在 1916 年的审判中，德国战争委员会因此判处弗里亚特死刑。乍一看，德国的判决似乎符合现代国际人道主义法，因为某一平民撞击潜艇的行为可被认作"直接参与敌对行动"，他/她因此将丧失国际人道主义法赋予其的保护权。况且，从德国的角度讲，逮捕对德国造成伤害的敌人，当然可以适用德国刑法对其进行判决。德国的判决依据是《第一附加议定书》（1977 年）第 51 条第 3 款的规定，即"直接参加敌对行动的平民不受本法保护"。但我们不要忘了，该议定书仅适用陆战，判决的大前提显然站不住脚，那么德国就不能据此国内法对船长做出判决。况且根据海战法，敌方商船（注意不是中立国商船）没有义务服从对方指令，或对临检、没收行为保持克制。最后，正如弗里亚特船长辩护的那样，德国对商船无限制的攻击，为了挽救自己的商船和船员，撞击潜艇是其唯一合理选择。所以，这一案件判决结果在国际上曾引起广泛争议。

### （三）海底通讯电缆

根据《海牙规则》（1907 年）（Hague Regulations）第 54 条规定："连接被占领土与中立国领土之间的海底电缆，除非在绝对必要的情况下，不允许被占有或破坏。"这意味着，根据传统国际法，如果海底通讯电缆连接敌方领土及其盟友领土，或连接未被占领的敌方领土与中立国领土，那么将不能受到保护。此外，由于第 54 条仅适用于陆战，因此不会必然影响领海以外海域的海底通讯电缆。《圣雷莫手册》的相关规定则较为笼统："交战双方应当避免破坏设置在海床上且服务对象超过交战双方的电缆。"①

---

① 《英国手册》（2004 年）、《加拿大手册》（2001 年）以及《德国手册》（2013 年）都认同这一规定。

当前，海底通讯电缆是国际数据通信的骨干。海底光缆承载全世界超过 95% 的国际语音、数据和视频通信，这其中包括几乎 100% 的跨洋互联网流量。凭借带宽优势，海底光缆的低成本和长使用期限使其超越卫星，成为国际电信业务的主要手段。据不完全统计，全球 99% 的远程通信都是依靠光纤完成的，卫星通信只占 1%。

尽管海底通讯电缆至关重要，但至今武装冲突法和海战法都未对其做出规定。

## 四、作战方法与手段

在海战中注意作战方法和手段已成为一条习惯国际法。[①] 战争中只能使用符合武装冲突法基本原则的方法和手段，这是交战双方必须履行的义务。然而，海战自身的一些特征往往会影响交战规则。尽管时过境迁，很多规则至今依然有效，并对当今的作战方法和手段具有指导意义，尽管这些方法和手段在一个世纪之前是不可能预测到的。

### （一）地雷和鱼雷

使用水雷一直在国际社会存在争议。很多人试图推动水雷使用非法化或至少限制使用水雷，尽管如此，水雷一直都是作战的合法手段。这种情况也适用鱼雷。《海牙第三公约》（1907 年）仅对水下自动触发水雷以及鱼雷做出规定，并没有提到可根据磁场特征和声波标记攻击目标的现代水雷。然而，该公约规定的基本原则依然适用现代水雷。

### （二）海上封锁

随着现代武器技术的发展，海上严密封锁变得越来越不可能实现。尽管如此，《巴黎宣言》（1856 年）和《伦敦宣言》（1909 年）关

---

[①] 《圣雷莫手册》。

于海上封锁的规定至今仍或多或少适用。很多国家的海军手册以及国家实践都充分证明,这些传统国际法规定依然适用。①

(三) 海上区域

明确划定海上禁区的合法性可能是海战法中关于作战手段部分最显著的进步。根据传统国际法,划定区域是违法的。国际军事法庭在审理"邓尼茨海军元帅案"时指出,宣布作战区域并击沉进入该区域的中立国商船是非法的。在第一次世界大战期间,德国就曾这样做,并遭到英国报复。1922年的华盛顿会议、1930年的《伦敦海军协议》以及1936年的《伦敦海军协议》都明确指出在一战中很多国家曾划定这样的作战区域。然而两份协议认为划定作战区域非法,没有例外。国际军事法庭认为,当中立国商船进入德国划定的作战区域后,在没有任何警告的情况下,邓尼茨元帅命令击沉它们,违反了协议规定。今天,划定海上作战区域已成为公认的合法手段,当然其前提是满足一系列限制条件。海上禁区的建立和执行有其积极意义,可以用于保护高价值目标、限制冲突的地域范围、帮助中立国船只保持安全距离等。

(四) 海军轰击 (naval bombardment)

尽管《海牙第九公约》对此做出过规定,但相关性很弱。在此方面最权威的是《第一附加议定书》(1977年)。根据该议定书第49条第3款规定,议定书第48—67条适用于"任何有可能影响陆上平民个人、平民居民以及民事目标的海战,甚至适用所有从海上对岸上目标进行攻击的行动"。议定书还规定,禁止袭击平民,冲突各方有义务对合法军事目标、平民以及民事目标进行区分;禁止不分青红皂白地发动攻击;对于所有海军部队来说,不管它们攻击的地域在哪里,都必须采取所有可能的、避免伤及无辜的预防性措施。

---

① 《圣雷莫手册》《美国海上行动法指挥官手册》《英国手册》《加拿大手册》以及《德国手册》等都沿袭了两部宣言的规定。

## 结 论

海战法的很多传统规则至今仍然具有生命力。它们要么持续适用，要么成为各种海上行为的习惯法原则。现代海战法对于海上交战权有正式的规定，但随着各国不断投入使用无人海上系统，有必要对其法律地位进行澄清。

传统国际法对于受保护船只和人员的规定在不断发展，但依然无法解决所有问题，对于医院船的通信和武装问题尤为如此。鉴于世界上只有少数几个国家（如美国、中国、俄罗斯等）继续使用医院船，而且与其相关的国际海上武装冲突的发生几率很低，所以很多人倾向于认为这个问题无关紧要。但如果有关医院船的法律问题迟迟得不到澄清，一旦国际海上武装冲突发生，那么有关医院船的保护问题就会面临巨大争议。受保护人员范畴也面临同样的问题。他们是否可以获得医院船的救助？根据海战法的其他原则，他们是否应当获得尊重和受到保护？这些都是亟待解决的法律难题。

海上行动法关于合法军事目标的规定非常清晰、具体和灵活，甚至对无须列入合法目标范畴的目标也做出了规定。然而，我们绝不能过于乐观。尤其是关于海底通讯电缆法律地位的争议迟迟没有定论，有可能为未来国家间冲突埋下伏笔。鉴于海底电缆对于跨国数据通信的至关重要性，有必要继续推进相关立法工作。

最后，有关作战方法及手段的规则和原则似乎已非常全面，但还是存在很多亟待解决的争议问题，如建立海上禁区的规定就十分模糊。

# 第二章
# 军事力量在不同水域的行动规则

## 一、领海水域行动规则

### (一) 领海无害通过制度

领海的无害通过制度是外国船舶通过他国领海的航行制度。《联合国海洋法公约》规定:"所有国家,不论沿海国或内陆国,其船舶均享有无害通过领海的权利。"

无害通过中的"通过"是指船舶为了下列目的通过领海的航行:(1) 穿过领海但不进入内水或停靠内水以外的泊船处或港口设施;或 (2) 驶往或驶出内水或停靠内水以外的泊船处或港口设施。

通过应继续不停和迅速地通行。但如遇海难或因不可抗力,为了救助遇险或遇难的人员、船舶和飞机,也可以停船或下锚。

无害通过中的"无害",是指船舶的通过不得损害沿海国的和平、良好秩序与安全,要遵守《联合国海洋法公约》和其他国际法规则。如果外国船舶在领海内进行下列任何一种活动,其通过即为损害沿海国的和平、良好秩序或安全,也就是"有害":

(1) 对沿海国的主权、领土完整或政治独立进行任何武力威胁或使用武力,或以任何其他违反《联合国宪章》所体现的国际法原则的方式进行武力威胁或使用武力。

(2) 以任何种类的武器进行操练或演习。

(3) 任何目的在于搜集情报使沿海国的防务或安全受损害的行为。

(4) 任何目的在于影响沿海国防务或安全的宣传行为。

（5）在船上起落或接载任何飞机。

（6）在船上发射、降落或接载任何军事装置。

（7）违反沿海国海关、财政、移民或卫生的法律和规章，上下任何商品、货币或人员。

（8）违反《联合国海洋法公约》规定的任何故意和严重的污染行为。

（9）任何捕鱼活动。

（10）进行研究或测量活动。

（11）任何目的在于干扰沿海国任何通讯系统或任何其他设施或设备的行为。

（12）与通过没有直接关系的任何其他活动。

潜艇或其他潜水器通过领海时，须在海面上航行并展示其旗帜，否则便视为有害。①

（二）军舰是否可以无害通过他国领海

对此，国际法并没有明确规定。《联合国海洋法公约》第17条特别指出，"所有国家的船舶"而不是"所有船舶"均享有无害通过领海的权利，所以，这里的船舶是否包括军舰，各国在理解运用过程中存在分歧。但在各国实践以及国际习惯法中，沿海国可以允许外国军舰无害通过其领海而不加特别限制，也可以规定此种通过须经事先通知、许可或履行其他义务。对此，《联合国海洋法公约》也提供了法律依据。《联合国海洋法公约》第30条规定："如果任何军舰不遵守沿海国关于通过领海的法律和规章，而且不顾沿海国向其提出遵守法律和规章的任何要求，沿海国可要求该军舰立即离开领海。"第31条规定："对于军舰或其他用于非商业目的的政府船舶不遵守沿海国有关通过领海的法律和规章，或不遵守本公约的规定或其他国际法规则，而使沿海国遭受的任何损失或损害，船旗国应负国际责任。"由此可见，无论是国际习惯法还是成文法，都对军舰

---

① 《联合国海洋法公约》第一部分第3节"领海的无害通过"。

无害通过领海制度预留了回旋空间。各国完全可以根据自身需要制定相应的限制性政策。

值得注意的是，《美国海上行动法指挥官手册》（2007版）明确规定，"所有军舰都可以不经宣布而享有不受阻碍的无害通过权。如果军舰违反沿海国依据国际法原则所制定的规定，并无视沿海国对其提出的遵守法律的要求时，沿海国可要求其立即离开，而这种情况下，军舰应该立即离开"。[①] 可见，美军坚持的"不经宣布"的无害通过制度与我国坚持的"须经批准"的无害通过制度有很大不同。

无害通过制度不适用于航空器。外国航空器（无论军用或民用）只有根据该国政府与沿海国政府的协定、协议，或经沿海国政府或其首选的机关批准或接受，方可进入沿海国领海上空。[②]

## 二、国家管辖海域行动规则

### （一）毗连区

毗连区又称连接区、特别区、保护区、补充区、尊重区或专门管理区，是沿海国实施预防性和惩罚性司法管制措施的功能性海域。它在领海之外并邻接领海，从测算领海宽度的基线量起，不得超过24海里。

沿海国可在毗连区内，行使以下管制权：

（1）防止在其领土或领海内发生违犯其海关、财政、移民或卫生的法律和规章。

（2）惩治在其领土或领海内违犯上述法律和规章的行为。[③]

这里的"防止"和"惩治"范围不仅包括毗邻区，如果外国船舶或人员在其领土、内水或领海内违犯相关法律法规，沿海国当然

---

① 美国海军部著，宋云霞等译：《美国海上行动法指挥官手册》（2007版），海军出版社2012年版，第26页。
② 任筱锋：《海上军事行动法手册》，海潮出版社2009年版，第13页。
③ 《联合国海洋法公约》第一部分第4节"毗连区"。

也具有管辖权。

与毗连区相关的另一项重要权利是紧追权。紧追权是指沿海国有充分理由认为外国船舶违犯本国的法律规定，因而对其进行追赶直到公海并加以拿捕并带回本国港口审讯的权利。追逐必须从外国船舶在沿海国内水、领海或毗连区时开始，也就是说，紧追最晚要从毗连区开始，出了毗连区才开始追捕是不允许的。所谓"紧追"，要求追逐不能中断，要持续不断的追才行。但追逐也不是不休止的，在被追逐的船舶进入其本国或第三国领海时，追逐应予终止。不是所有船只都可以执行追逐任务，必须是军舰、军用飞机或其他清楚标志为政府服务并经授权进行的船舶或飞机。

### （二）专属经济区

专属经济区是领海之外并邻接领海，从测算领海宽度的基线量起不超过200海里的一带海域。专属经济区介于领海和公海之间，既非领海也非公海，是适用特定法律制度的国家管辖海域。在专属经济区内，沿海国的权利和义务与其他国家的权利和义务并存。[1]

沿海国在专属经济区享有：

（1）以勘探和开发、养护和管理该海域海床上覆水域和海床及其底土的自然资源（不论为生物或非生物资源）为目的的主权权利，以及关于在该海域内从事经济性开发和勘探，如利用海水、海流和风力生产能源的主权权利。

（2）对该海域内人工岛屿、设施和机构的建造和使用，对海洋科学研究、海洋环境的保护和保全等事项的专属管辖权。

（3）包括《联合国海洋法公约》在内的国际法规定的其他权利。[2]

所有国家（包括沿海国或内陆国）在专属经济区内享有：在《联合国海洋法公约》有关规定限制下的航行和飞跃自由、铺设海底光缆和管道的自由以及与这些自由有关的其他合法用途，诸如同船

---

[1] 任筱峰：《海上军事行动法手册》，海潮出版社2009年版，第18页。
[2] 《联合国海洋法公约》第56条。

舶和飞机的操作及海底电缆和管道的使用有关的符合《联合国海洋法公约》其他规定的用途。

当前，有关专属经济区内权利争议最大的是军事利用问题，即外国在沿海国专属经济区及其上空是否有权进行海空军事活动的权利。美国认为，既然所有船只和飞机（包括军舰和军用飞机）都享有在公海上航行和在其上空飞行的自由权，并且在这些海域及其上空享有与那些自由权有关的其他合法权利，那么，专属经济区存在于海军活动区这个事实，就其本身来说，没有必要引起海军指挥官对其行动的关注。换句话说，美国认为，其军舰和军机完全可以在别国专属经济区内开展军事活动。但很多国家持不同观点。对此，国际法上历来存在争论。《联合国海洋法公约》规定，所有国家在专属经济区内均享有"《公约》第 87 条所指的航行和飞越自由"，但同时也强调"各国在专属经济区内根据本公约行使其权利和履行其义务时，应适当顾及沿海国的权利和义务，并应遵守沿海国按照本公约的规定和其他国际法规则所制定的与本部分不相抵触的法律和规定"。① 专属经济区不能简单等同于公海，各国在专属经济区内进行军事活动的权利，国际法目前还没有明确的答案。

（三）大陆架

大陆架是沿海国领海以外依其陆地领土的全部自然延伸，扩展到大陆边缘的海底区域的海床和底土，如果从测算领海宽度的基线量起到大陆架的外缘的距离不到 200 海里，则拓展到 200 海里的距离。②

沿海国为勘探大陆架和开发其自然资源，对大陆架行使主权权利。此处所指的权利是专属的，即：如果沿海国不勘探大陆架或开发其自然资源，任何人未经沿海国明示同意，均不得从事这种活动；沿海国对大陆架的权利并不取决于有效或象征的占领或任何明文公告。此处所指的自然资源包括海床和底土的矿物和其他非生物资源，

---

① 《联合国海洋法公约》第 58 条第 1、3 款。
② 《联合国海洋法公约》第 76 条。

以及属于定居种的生物，即在可捕捞阶段海床上或海床下能移动或其躯体须与海床或底土保持接触才能移动的生物。①

大陆架的军事利用问题在国际法上存在争议。主要有两种观点②：第一种观点认为其他国家有权在大陆架上设置和运用军事设施或装置，只要此类活动不干扰沿海国勘探和开发大陆架就可以，其理论依据是沿海国对大陆架的主权权利限于公约所规定的勘探和开发自然资源方面。第二种观点认为其他国家无权在沿海国大陆架上进行军事利用活动，其主要依据有：

（1）其他国家对大陆架进行军事利用将影响或妨碍沿海国行使主权权利，并危及沿海国的国家安全利益。

（2）沿海国对大陆架行使有效的主权权利，需要具备一定权力，以应对阻碍其资源开发的任何活动。

（3）保障沿海国安全是沿海国权力扩展到大陆架资源的一个基本理由。沿海国不应容忍别国在其大陆架上设置开发资源的设备，更不应容忍外国设置军事设施。

（4）《联合国海洋法公约》明文规定沿海国对其大陆架上人工设施和岛屿的建造和使用有专属管辖权。

（5）大陆架不是公海海底，因此在该区域使用公海自由原则的理由并不存在。

## 三、公海行动规则

《联合国海洋法公约》明确规定，其定义的公海不包括沿海国的专属经济区。这是对很多持有"专属经济区即公海"观点的人的有力反驳。

### （一）公海自由

公海对所有国家开放，不论其为沿海国或内陆国。公海自由是

---

① 《联合国海洋法公约》第77条。
② 任筱锋：《海上军事行动法手册》，海潮出版社2009年版，第30页。

在《联合国海洋法公约》和其他国际法规则所规定的条件下行使的。所有国家在国际法（包括《联合国海洋法公约》在内）所规定的条件下行使下述公海自由：

（1）航行自由。每个国家，不论是沿海国或内陆国，均有权在公海上行驶悬挂其旗帜的船舶。

（2）飞越自由。

（3）铺设海底电缆和管道的自由。

（4）建造国际法所容许的人工岛屿和其他设施的自由。

（5）捕鱼自由。

（6）科学研究自由。

国家在行使上述自由时，应尊重并顾及其他国家行使公海自由的平等机会和同等权利。[①]

### （二）公海上的船旗国管辖权

在公海上，各国对悬挂其国旗的船舶拥有专属管辖的权利：

（1）每个国家确定对船舶给予国籍、在其领土内登记及悬挂该国旗帜的条件。船舶具有其有权悬挂的旗帜所属国家的国籍。

（2）船舶航行应仅悬挂一国的旗帜，在公海上应受该国的专属管辖。船舶悬挂两国或两国以上旗帜航行并视方便而换用旗帜的船舶，对任何其他国家不得主张其中的任一国籍，并可被视为无国籍的船舶。

（3）每个国家应对悬挂该国旗帜的船舶有效行使行政、技术及社会事项上的管辖和控制。

（4）遇有船舶在公海上碰撞或任何其他航行事故涉及船长或任何其他为船舶服务人员的刑事或纪律责任时，对此种人员的任何刑事诉讼和纪律程序，仅可向船旗国或此种人员所属国的司法或行政当局提出。[②]

---

① 《联合国海洋法公约》第87条。
② 《联合国海洋法公约》第90—94条。

## （三）公海上的普遍管辖权[①]

所有国家均有依据国际法对破坏公海良好秩序或国际社会共同利益的犯罪行为实施管辖的权利。

每个国家应采取有效措施，防止和惩处准予悬挂该国旗帜的船舶贩运奴隶，防止为此目的而非法使用其旗帜。在任何船舶上避难的任何奴隶，不论该船悬挂何国国旗，均当然获得自由。

所有国家应尽最大可能进行合作，以制止在公海上或在任何国家管辖范围以外的任何其他地方的海盗行为。

所有国家应进行合作，以制止船舶违反国际公约在海上从事非法贩运麻醉药品和精神调理物质。任何国家如有合理根据认为一艘悬挂其旗帜的船舶从事非法贩运麻醉药品或精神调理物质，可要求其他国家合作，制止这种贩运。

所有国家应进行合作，以制止在公海从事未经许可的广播。

## （四）公海上的完全豁免权

军舰或由一国所有或经营并专用于政府非商业性服务的船舶，在公海上有不受船旗国以外任何其他国家管辖的完全豁免权。

## 四、国际海峡行动规则

海峡是位于两块陆地之间、两端连接海洋的天然狭窄水道。世界上这类地理意义的海峡有数千个，从不同的标准可予以不同的分类。法律上的海峡是指"用于国际航行的海峡"（Strait used for international navigation）。这种海峡理论上也称为国际海峡。《联合国海洋法公约》通过后，各国领海宽度可以最远拓展至12海里，许多过去曾被认为是世界主要贸易航线一部分的海峡因此处于沿岸国领海范围内。按照海峡的宽度、沿岸国情况和两端所连接海域的法律地位，

---

① 《联合国海洋法公约》第99、100、108、109条。

海峡可分为三类：一是位于沿岸国领海基线以内的海峡，即内水海峡；二是在沿岸国领海宽度以内的海峡，即领海海峡；三是宽度大于沿岸国领海宽度的海峡，即非领海海峡。国际海洋法对不同法律性质的海峡规定了不同的通过制度。

### （一）内水海峡通过制度[①]

内水海峡的水域是海峡沿岸国的内水。沿岸国家对海峡水域及其上空、海床和底土行使完全的主权。内水海峡的通过制度由沿海国自行立法规定。如我国的琼州海峡就属于内水海峡。

### （二）领海海峡的通过制度

领海海峡的水域是海峡沿岸国的领海。海峡沿岸国对海峡的水域及其上空、海床和底土行使完全的主权。因领海海峡两端连接海域的法律性质和通过海峡进行国际航行的船舶密度不同，领海海峡实行不同的通过制度，即无害通过制度和过境通行制度。

1. 实行无害通过制度的领海海峡

连接公海或专属经济区的一部分和一国领海的领海海峡，实行无害通过制度。在这种海峡中的无害通过不应予以停止。[②]

由海峡沿岸国的一个岛屿和该国大陆构成的用于国际航行的、连接公海或专属经济区的一部分和公海或专属经济区的另一部分的，而且该岛向海一面有一条在航行和水文特征方面与该海峡同样方面的航道的领海海峡实行无害通过制度。

2. 实行过境通行制度的领海海峡

连接公海或专属经济区的一部分和公海或专属经济区的另一部分的用于国际航行的领海海峡实行过境通行制度。

过境通行制度是船舶和飞机在遵守有关国际法和海峡沿岸国有关法律和规章的前提条件下，为继续不停和迅速过境目的而行使航行和飞越自由。潜艇可以以其通常航行方式过境通行此两种海峡。

---

[①] 任筱峰：《海上军事行动法手册》，海潮出版社2009年版，第38页。
[②] 《联合国海洋法公约》第37、45条。

船舶和飞机在过境通行海峡时必须：

（1）毫不延迟地通过或飞越海峡。

（2）不对海峡沿岸国主权、领土完整或政治独立进行任何武力威胁或使用武力，或以任何其他违反《联合国宪章》所体现的国际法原则的方式进行武力威胁或使用武力。

（3）除因不可抗力或遇难而又必要外，不从事其继续不停和迅速过境的通常方式所附带发生的活动以外的任何活动。

（4）遵守《联合国海洋法公约》其他有关规定。

（5）船舶应特别遵守一般接受的关于海上安全的国际规章、程序和惯例，包括《国际海上避碰规则》；遵守一般接受的关于防止、减少和控制来自船舶的污染的国际规章、程序和惯例。

（6）飞机应特别遵守国际民用航空组织制定的适用于民用飞机的航空飞行规则；国家航空器通常应遵守这种安全措施，并在操作时随时顾及其他航空器航行安全；应随时监听国际上指定的空中交通管制主管机构所分配的无线电频率或有关的国际呼救无线电频率。①

海峡沿岸国可于必要时为海峡航行指定海道和规定分道通航制，以促进船舶的安全通过。海峡沿岸国可对下列各项或任何一项制定关于通过海峡的过境通行的法律和规章：

（1）航行安全和海上交通管制。

（2）使有关在海峡内排放油类、油污废物和其他有毒物质的适用的国际规章有效，以防止、减少和控制污染。

（3）对于渔船，防止捕鱼，包括渔具的装载。

（4）违反海峡沿岸国海关、财政、移民和卫生的法律和规章，上下任何商品、货币或人员。②

（三）非领海海峡的通过制度

非领海海峡是海峡宽度超过两岸领海宽度的海峡，如台湾海峡。

---

① 《联合国海洋法公约》第38条。
② 《联合国海洋法公约》第42条。

在此种海峡水域的非领海或部分实行自由通行制度。①

当船只或飞机通过没有完全与领海重叠的用于国际通行的海峡时，如霍尔木兹海峡、台湾海峡、宫古海峡等宽度超过沿海国领海的海峡，在通过没有与领海重叠部分的公海或专属经济区海域时享有在公海上航行和飞越的自由权。因此，只要各国的船舶和飞机在海峡领海之外，它们都有通过这些海域并在其上空飞行而不受阻碍的权利，只要它们尊重其他船只和飞机所享有的这种权利。如果部分船舶在海峡内的公海通道不方便航行（如停留在公海水道可能与正确的海上通行实践不符），这些船只享有不受阻碍地通过海峡的权利。②

《联合国海洋法公约》规定，海峡沿岸国可于必要时指定海道和规定分道通航制，以促进船舶的安全通过。③ 但《美国海上行动法指挥官手册》（2007年版）指出，国际法并未要求享有主权豁免权的船舶，如军舰、辅助舰船和用于政府服务的政府船只等，必须按照沿岸国指定的海道或规定分道航行制度通过海峡。④ 也就是说，按照美军理解，在通过国际海峡时，可以不按照沿岸国划定的海道或分道航行制航行。

## 五、群岛海道行动规则

群岛国可划定连接群岛最外缘各岛和各干礁的最外缘各点的直线群岛基线，其基线所包围的水域，称为群岛水域，不论其深度或距离海岸的远近如何。群岛水域通行制度由无害通过制度和群岛海道通行制度两部分组成。除群岛国依法划定的内水和群岛国指定的群岛海道外，群岛水域一般实行无害通过制度。所有国家的船舶均

---

① 任筱峰：《海上军事行动法手册》，海潮出版社2009年版，第40页。
② 美国海军部著，宋云霞等翻译：《美国海上行动法指挥官手册》（2007年版），海军出版社2012年版，第28页。
③ 《联合国海洋法公约》第41条。
④ 美国海军部著，宋云霞等翻译：《美国海上行动法指挥官手册》（2007年版），海军出版社2012年版，第27页。

享有通过群岛水域的无害通过权。在群岛国为外国船舶和飞机继续不停和迅速通过或飞越其群岛水域和邻接的领海的目的而指定的适当海道和其上的空中航道中，实行群岛海道通行制度。所有船舶和飞机均享有在这种海道和空中航道内的群岛海道通行权。如果群岛国没有指定海道或空中航道，所有船舶和飞机可通过正常用于国际航行的航道，行使群岛海道通行权。①

群岛海道通行权是指所有船舶和飞机在群岛国指定的群岛海道和其上的空中航道中，为在公海或专属经济区的一部分和公海或专属经济区的另一部分之间继续不停、迅速和无障碍地过境的目的，行使正常方式的航行和飞越的权利。

这种海道和空中航道应穿过群岛水域和邻接的领海，并应包括用作通过群岛水域或其上空的国际航行或飞越的航道的所有正常通道，并且在这种航道内，就船舶而言，包括所有正常航行水道，但无须在相同的进出点之间另设同样方便的其他航道；这种海道和空中航道应以通道进出点之间的一系列连续不断的中心线划定；群岛国指定海道时，为使船舶安全通过这种海道内狭窄水道，也可规定分道通航制；群岛国可于情况需要时，经妥为公布后，以其他的海道或分道通航制替换原先指定或规定的海道或分道通航制；群岛国应在海图上清楚地标出其指定或规定的海道中心线和分道通航制，并将该海图妥为公布。②

通过群岛海道和空中航道的船舶和飞机在通过时不应偏离这种群岛海道中心线 25 海里以外，但这种船舶和飞机在航行时与海岸的距离不应小于海道边缘各岛最近点之间的距离的百分之十。

船舶和飞机在通过时的义务、研究和测量活动以及群岛国制定关于群岛海道通过的法律和规章的权利比照使用过境通行制度。

---

① 《联合国海洋法公约》第 50、52 条。
② 《联合国海洋法公约》第 53、54 条。

# 第三章
# 海上布雷行动

　　一般而言，海军布雷会对国际海运造成严重威胁，这主要是针对自由浮动水下触发式水雷而言的，但现代海军水雷大多具有很高的分辨力，一般不会伤及国际航运。尽管如此，在某一特定海域敷设水雷即便没有实际危险，也势必会影响航行自由。1907年的《海牙第八公约》是当前唯一规范水雷敷设问题的国际公约，但其范围仅限于自动水下触发水雷。缔结该公约时，各国领海还不超过3海里，专属经济区等概念也不存在，因此该公约的适用性受到很大制约。

## 一、敷设水雷行动

　　不管是战时还是和平时期，海军布雷行动都对和平航运（innocent shipping）威胁极大。过去，受触发式浮动水雷影响，国际航运曾遭受重大损失。鉴于航行自由对世界经济和国际安全至关重要，水雷造成的潜在威胁似乎不可容忍。因此，国际法律原则和规则能否通过禁止或限制使用水雷进而有效保护国际海运安全，就成为一个值得研究的重要课题。

　　今天的海军水雷已成为一种具有高度分辨力的武器。[①] 只要有足够数据支撑，就可以只攻击某种类型的舰船，甚至是某艘特定舰船。国际法明确禁止敷设三类水雷：一是禁止敷设无锚的自动触发水雷，但其构造使它们于敷设者对其失去控制后至多一小时后即为无害的

---

[①] For a short overview of the technology currently in use, see Levie (1992), pp. 97 – 115. For further details, see Fuller and Ewing (2013), p. 115. See also Rios (2005), pp. 11 – 15.

水雷除外；二是禁止敷设在脱锚后不立即成为无害的有锚自动触发水雷；三是禁止使用在未击中目标后仍不成为无害的鱼雷。由于船首波浪可以起到清扫水雷的作用，因此有人认为即便敷设了以上水雷，也未必会危及国际航运，但事实上，在特定海域敷设水雷或让人怀疑某个海域有水雷，过往船只要么会被迫绕开该区域，要么会极其小心地通过该区域，这些都会延长航行时间。扫雷和反水雷行动具有非常高的挑战性，成本很高，耗时很长，即使拥有专业工具，也很难快速清除水雷威胁。

本章主要聚焦于两个问题。第一个问题是关于交战方敷设水雷的权利，及其对和平航运尤其是中立方航行自由的影响。在此背景下，有必要简要谈及"航行权"问题。在当今国际海洋法中的航行权，主要指无害通过权、过境通行权和群岛海道通行权。在国际武装冲突中，交战方的行动范围常常会超越本国水域，并使用各种海战方法和手段，这其中就包括在公海敷设水雷。因此，此时的"航行权"应当作广义理解，不仅指领海范围内的航行自由（因为无害通过、过境通行、群岛航道通行大多强调的是领海水域内的通行权），也应包括领海范围以外的航行自由（这里是为了特别强调，因为和平时期公海航行自由大多不存在问题，但战时公海往往会成为战场，航行自由就可能存在问题）。1907年《海牙第八公约》对水雷使用做出了具体规定，开创了国际法领域的先河。[①] 但毕竟一百多年过去了，过去的很多法律条文无法规范新的行动样式，有必要基于对各国实践的分析理解，探讨有效规范交战方敷设水雷行动的当代法律。

第二个问题是关于和平时期水雷敷设行动。敷设水雷并不容易，除非打算不加区别地攻击所有舰船，否则都十分耗时。一国完全可以在武装冲突爆发前就开始筹划敷设水雷，以便未雨绸缪。为了追求自身国家安全目标，一国也可能会在其领海内，或那些与国际海峡、群岛水域和群岛海道重叠的领海海域敷设水雷，以便阻止他国

---

[①] 1907 Hague Convention VIII, 36 Stat. 2332, T. S. No. 541. Although the Convention is limited to Automatic contact mines, there is wide agreement that it is applicable to modern naval mines that are based on a different technology. See Heintschel von Heinegg(1994).

进入。这行为可能被视作非法,因为在和平时期,国际海洋法律在承认沿海国或群岛国对其领海拥有主权的同时,也强调领海内的航行自由。但我们也必须清楚,国际法并没有绝对禁止在和平时期敷设水雷,只是反对影响航行自由的行动。

## 二、国际武装冲突法关于海军水雷和航行权的规定

### (一) 1907 年《海牙第八公约》与航行自由

海上水雷战是 1907 年海牙和平会议上面临的最困难、最具争议的问题。鉴于 1904—1905 年日俄战争的经验教训,[①]与会代表们纷纷提出针对国际武装冲突期间和结束后[②],应对海军水雷负面影响进而有效保护商业往来的有效措施。[③]但是可惜的是,各方并未就此达成协议。

一些代表建议采用广泛的限制措施,全面禁止在公海上敷设水雷,以保护无害和中立的航行和海运自由。[④] 哥伦比亚代表团甚至建议:"有锚自动水雷的使用应被绝对禁止,除非出于自卫;除非为保护本国的海岸并且在火炮的最大射程距离内,交战方不得使用这种水雷;除非是海上通往某国海岸的可航行海道只能通往这一个国家,这个国家可以为了自卫在入口处敷设自动触发式水雷;绝对禁止交战方在公海或敌方海域敷设有锚自动触发式水雷。"[⑤] 但由于这一提

---

[①] 日俄战争是首次广泛应用海军水雷的国际武装冲突,在冲突结束后,其对海运的危害还长期存在。See Lauterpacht H (ed) Oppenheim L (1952), p.471; Hoffmann (1977), p.145; Colombos (1968), p.531 and Castren (1954), p.275.

[②] For the various proposals, see id., Annexes 9–37, at 662–682. worth mentioning is the British proposal (annex 9) according to which the use of automatic contact mines would have been limited to the territorial seas of the bellegerents. Only when laid off military ports could the distance be extended to 10 nautical miles.

[③] 1907 Hague Proceeding Vol. III, p.3:399.

[④] Id. It may be added that some of those proposals were far from altruistic or motivated by the wish to protect innocent shipping. In particular, States with large navies were afraid that the use of naval mines could jeopardize their naval supremacy. "Behind the proposals of the Conference stood the politics of force." Reed (1984), p.294.

[⑤] 1907 Hague Proceedings Vol. III, Annex 36, at 682.

议过于雄心勃勃，很难为足够数量的其他国家代表所接受。

会议期间，希望在某些海域限制海军水雷的一方与不希望做出地理划分的一方曾一度接近达成妥协。审查委员会在其报告中提交了四份关于定义海军水雷敷设区域的倡议，①其指导理念是尽可能保护正常海运，同时不剥夺交战方使用有效、廉价海战手段的权利。

最终，对水雷敷设进行海域划分的草案没有获得必要的多数支持。第三委员会在对大会提交的报告中强调："尽管限制有锚水雷使用区域范围的建议未获通过，但大家对这种水雷使用进行区域限制的愿望并没有转变。交战方在本国海岸水域以外海域敷设水雷时，对国际和平海运负有重大责任。只有出于'绝对紧急的军事原因'才能允许使用有锚水雷。所有文明国家都应践行'良知、善意、责任'等人性原则；即便没有任何成文规定，人们心中也应牢记海上自由的原则和确保海洋向全人类交通开放的责任。"②

尽管该声明反映了海牙会议与会代表的总体态度，但1907年《海牙第八公约》并没有明确禁止或大幅限制某些海域的水雷敷设。③公约第3条规定，"在使用有锚的自动触发水雷时，应对和平航运的安全采取一切可能的预防措施。交战国保证竭尽一切务使此种水雷在一定时间内成为无害。如果水雷已不能察见，则一俟军事情况许可时，即将危险区域通知各船主并通过外交途径通知各国政府。"一般认为"公约第3条的意思似乎是，在公约的范围内，交战方可以在公海的任何区域敷设有锚自动触发式水雷"。④但应在全面

---

① Id., Annex 31, at 677. Articles 2 to 5 would have limited the right to lay mines to three-nautical mile territorial seas of the belligerents unless laid off military ports. In the latter case the distance would extend up to 10 nautical miles. There was, however, no absolute prohibition of employing naval mines in high seas areas. According to Article 5, the belligerents would have been entitled to lay automatic contact mines "within the sphere of their immediate activity," provided they became harmless "within 2 h at most after the person using them has abandoned them."

② 1907Hague Proceeding Vol. I, p. 282.

③ Article 2 prohibits the laying of mines off the enemy's coats and ports only if it serves the "sole object of intercepting commercial shipping".

④ Tucker (1955), p. 303.

领会公约序文的基础上理解第3条的含义。公约序文明确指出"在各国开放的海洋通道自由原则的启示下,考虑到在目前情况下虽然不能禁止使用自动触发水雷,但至少有必要加以限制并调整其使用,以期减轻战争的祸害,尽可能使和平航行仍能获得应有的安全。"鉴于此,公约第3条第1款可以被解释为,如果不成比例地影响航行自由,在公海上大规模敷设水雷应当被禁止。[①] 但也必须认识到,序文是附属于后面的操作性条款的,尤其是第1条和第3条第2款。根据这些条款,只有在有锚或无锚水雷在一定时间范围内没有变成无害的情况下,和平航运才会受到保护;国家在水雷失去控制的情况下使其无害的义务也并非是绝对;第3条只是把这种义务定义为"竭尽一切"。"将危险区域通知各船主"的义务以及"军事紧急事态"的要求也存在类似标准问题。序文本身也揭示了《海牙第八公约》本身并不完美,并寄希望于未来制定更为完备的公约。总的来说,海牙公约的条款不可被单纯地解读为,如果敷设水雷干预了航行自由或某种通行权,那么交战方使用水雷的区域就应受到限制或禁止使用水雷。

在公约磋商过程中,荷兰代表团曾竭力推动达成禁止在国际海峡敷设水雷的协议。他们最初的建议是:"在任何情况下,连接公海两个部分的海峡都不应被阻隔。"[②]随后,荷兰代表团又修改建议:"在任何情况下,连接公海两个部分之间的交通都不应被完全阻隔,但只有在相关主管当局同意的情况下,才可以通过该区域。"[③]该建议最终都被拒绝了,因为"荷兰的建议与基于领土主权权利和某些海峡传统规定相背"。[④]

在公约磋商过程中,最终那些反对建立水雷敷设限制区域、甚

---

[①] See, e. g., Reed who maintains that 1907 Hague Convention VIII created a standard for the protection of neutral shipping that "should be interpreted from the viewpoint of a neutral shipper." Reed (1984), p. 301. However, he ignores the fact that the obligations of belligerents under Article 3 (2) of the Convention are subject to feasibility and military exigencies.

[②] 1907 Hague Proceedings Vol. III, Annex 12, p. 663.

[③] Id., Annex 22, p. 671.

[④] Id., p. 408.

· 第三章 海上布雷行动 ·

至在公海上也不对有锚水雷敷设设限的观点占了上风。有意思的是，英国代表团强调："公海上中立国航行安全的权利要优先于战时交战方把某些海域用作战场的临时性权利"，并认为公约"仅解决了该问题的一部分"，[1] "不能被视作解决该问题的一部完整的国际法律，所以不能仅仅因为这部公约没有明文禁止，就确认某种行为是合法的"。[2]

德国代表团在回应中强调："交战方对中立和和平航运负有重要责任"，"除非出于紧急的军事原因，没有人会使用这种战争工具"，但如果一部法律的规定过于严格，以至于事实上不可能被遵守，那也是大错特错。国际海洋法最重要的是"从军事视角看，它的条款可以被执行，即使在例外情况下也是可能执行的。否则，这部法律的权威性就会减损"。[3]

尽管关于在公海上使用海军水雷的权利存在明显争议，但各方代表似乎都同意敷设水雷干扰了和平航运和中立航运，军事上的必要性具有绝对紧急的性质。换句话说，在公海上敷设水雷，除非是为了获取明显的军事优势，否则就是非法的。[4]不幸的是，德国代表团的话却被德国在一战和二战中的行为打破了。

(二) 随后的实践与发展

1. 两次世界大战

两次世界大战期间交战各方在海战中几乎毫无限制地使用水

---

[1] Statement by Sir Ernest Satow, Delegate of Great Britain, at the Eighth Plenary Meeting (Oct. 9, 1907). 1907 Hague Proceedings Vol. I, p. 275.

[2] Id.

[3] Statement by Baron Marschall von Bieberstein, Delegate of Germany. Id. P. 275, 76. He added that "military acts are not solely governed by stipulations of international law. There are other factors: Conscience, good sense, and the sentiment of duty imposed by principles of humanity will be the surest guides for the conduct of sailors and will constitute the most effective guaranty against abuses."

[4] But see Tucker (1955), p. 303, who states that "it is only mine laying of an openly indiscriminate character that is prohibited i. e., mines sewn without regard to any definite military operation save that of endangering all peaceful shipping, and without any reasonable assurance of control or surveillance.

雷。这些行为忽视了1907年《海牙第八公约》以及中立航运的合法利益。当然，交战方提供的部分理由是对方先进行了非法的行为，从这个意义上讲，也不能说这些行为导致海牙公约的废止。事实上，战争期间，交战各方都接受并承担了发布危险区域警告和通告的义务，并至少在二战开始阶段，尽管公约中没有规定海军水雷使用的区域限制，各方仍避免在国际海峡敷设水雷，或者即使在这类海峡敷设水雷，也会提供导航服务，以确保安全航行。①

2. 1945年后国际武装冲突中的水雷使用

二战后，海军水雷仅被使用过几次，这其中就包括1946年的"科孚海峡案"和1984年的"红海水雷事件"。由于英国和阿尔巴尼亚不属于国际武装冲突方，国际法院之后对该事件做出了判决。同样，1984年的"红海水雷事件"也与本文分析无关，因为它不是在武装冲突中发生的。

目前关于武装冲突中海军水雷使用的研究较为广泛，本文只重点研究交战方使用水雷的权利与无害中立船舶的通行权之间的关系。在2011年的利比亚冲突中，卡扎菲的军队在米苏拉塔港沿海地区敷设了水雷，也许是为了阻止食物和其他供给进入这座城市。国际社会认为这是一种非法行为，不仅因其对航行自由的影响，更是因为其违背了人道主义和联合国安理会1973号决议，该决议要求利比亚官方"确保人道主义援助的迅速、无阻的通行"。②

中东战争期间（1967—1973年）苏伊士运河的水雷敷设也同样

---

① On April 9, 1940 the German government provided notification of a "mine warning area" in the Skagerrak between Lindesnes, Lodbjerg and Flekkeroy, Sandnas Hage; on September 3, 1939 regarding the Southern entrance of the Sound and the Great Belt; and on April 29, 1940 regarding the Kattegat. The British government allowed passage through the Strait of Dover and the Firth of Forth.

② S. C. Res. 1973, 6, U. N. Doc. S/RES/1973 (Mar. 17, 2011).

不在讨论范围内，因为苏伊士运河有自己单独的条约体系，① 其通行不受海洋法的管理。1973 年冲突中值得注意的是苏伊士湾和亚喀巴湾都被雷区封锁，但它们的关闭比起苏伊士运河的关闭受到的关注少得多。

1971 年印度和巴基斯坦冲突中海军水雷的使用却没有引起关注，当时至少有五艘中立商船被水雷炸沉。印度在孟加拉湾的布雷和巴基斯坦在恒河三角洲的布雷行动没有超出交战方的领海范围，对航行权或航行自由的影响相对有限。

印巴冲突和 1984 年尼加拉瓜港口中使用水雷的实践支持了一种立场，即武装冲突法允许在敌对方海域布雷。舒伟博（Schwebel）法官对"尼加拉瓜案"判决结果持不同意见，并指出："交战方有权采取合理措施（有充足理由在敌方的内水）限制航运，包括限制第三国航运船舶使用其敌人的港口，因此交战方水雷使用本身并不是非法的。"②但舒伟博法官同时强调，如果第三国的船舶或国民遭到美国所敷设水雷的伤害，美国就负有相应的国际责任。第三国不论过去还是现在都有权与尼加拉瓜开展贸易，其船舶也有权使用尼加拉瓜的港口。如果美国有正当理由对尼加拉瓜的港口采取封锁措施，比如通过布雷，那么美国必须以官方形式公开宣布布雷区域。③

伊朗和伊拉克战争（1980—1988 年）④ 期间水雷的使用是二战后研究交战方干扰中立船只航行自由法律问题的最重要案例。为了应对波斯湾的布雷行动，国际社会采取了一系列措施落实航行权，从护送商船、扫雷行动到使用武力应对敷设无锚水雷的伊朗船舶以

---

① Convention Respecting the Free Navigation of the Suez Maritime Canal, Gr. Brit. – Austria-Hung. – Spain-Fr. – It. – Neth. – Russ. – Turk., Oct. 29, 1888, reprinted in (1909) AJIL Supplement 3: 123.

② *Nicaragua*, *Supra* note 42, 236 (Schwebel J dissenting opinion).

③ *Id.*, 238.

④ For a comprehensive analytical assessment of the legal issues of the Iran-Iraq War, see the contributions in de Guttry and Ronzitti(1993). The Iran-Iraq War (1980 – 1988) and the law of Naval Warfare. Cambridge University Press, Cambridge; Dekker and Post (1992). The Gulf War of 1980 – 1988. Kluwer Academic Publishers, Dordrecht.

及作为布雷行动基地的两个石油平台。[1]这些强制措施被视作合法行为，因为其属于自卫行为，或是针对伊朗非法使用无锚水雷或未事先通告使用有锚水雷的反制措施。总之，如果伊朗不使用无锚水雷，并且对布雷行动事先发布适当的通告，国际社会就不能以伊朗行为非法为由采取反制措施，更不能称伊朗在波斯湾的布雷本身是非法行为。

伊朗—伊拉克冲突涉及霍尔木兹海峡的法律地位问题以及在国际武装冲突中可否在国际海峡布雷的问题。1982年10月，伊朗政府在给安理会的信中宣称："有谣言称霍尔木兹海峡的航行自由受到阻碍，伊朗伊斯兰共和国外交部再次声明，伊朗致力于保持海峡对航运的开放，并将不遗余力地为此目的做出努力。"[2]

这份声明值得关注，因为伊朗此前始终坚持的立场是，1982年《联合国海洋法公约》第38条规定的过境通行权并不适用于霍尔木兹海峡。尽管伊朗签署了该公约，但并没有通过该公约。[3] 与此同时，这份声明并不代表伊朗不会采取阻止或阻碍霍尔木兹海峡通行的战时（或平时）措施，或接受相关的法律义务。

3. 初步结论

1907年《海牙第八公约》和后来的国家实践似乎表明，在国际武装冲突中，交战方有权在中立国水域（比如内水、领海和群岛水域）以外的所有海域敷设水雷。因此，只要事先通告相关海域关闭信息，便可以在交战方的领海范围内对无害通过设置障碍。由于目前还没有群岛国的相关国家实践，可以认为在只适用无害通过的交战方群岛水域内也是同样情况（相对群岛海道通行

---

[1] For the facts established by the ICJ, see Oil Platforms (Iran v. U. S.), 2003 I. C. J. 161, 23 – 25 (Nov. 6). See also Levie (1992), pp. 166 – 70.

[2] U. N. Security Council, Charge D'Affaires of the Permanent Mission of Iran, Letter dated Oct. 21, 1980 from the Charge D'Affaires of the Permanent Mission of Iran to the United Nations to the Secretary General. U. N. Doc. S/14226 (Oct. 22, 1980).

[3] 伊朗认为《联合国海洋法公约》只是相互妥协的产物，并非具有法律强制性。根据1969年维也纳条约法，这部公约规定的权利仅对其签署国有效。

权而言）。①

　　与交战方领海重叠的国际海峡也没有被完全排除在布雷区外。因此，只要交战方做出提前通告或确保安全通行（比如提供导航服务或暂时解除水雷），便可以在交战方的国际海峡敷设海军水雷。至于根据《联合国海洋法公约》第 38 条有关过境通行的规定，是否就可以扩大对这类海峡的保护还有待实践探索。

　　同样，只要交战方及时妥当地通告布雷区，② 并不禁止在公海海域的布雷行动（比如在领海线以外的海域）。但是由于中立船舶拥有持续合法利用公海的权利，对海军水雷使用的合法性取决于军事必要。中立船舶的航行自由对国际贸易和世界经济十分重要，如果没有合法的军事必要性，大范围和长时间的布雷并不符合海战法规定。

　　最后还应补充一点：中立国有权沿本国海岸布雷，以保卫本国水域和领土不受交战方干扰。③除非不会暂停、妨碍或阻碍过境通行权或群岛海道通行权，这种布雷必须限于领海范围内，并且不得扩展至国际海峡或群岛水道。④

## （三）当代国际法对交战方布雷行动和通行权的规定

　　由于 1907 年《海牙第八公约》适用范围的属物原则只限于"自动水下触发式水雷"，因此很难为国际武装冲突中的布雷行动提供一个完整的法律框架。尽管可以从公约中推导出一些可以适用于现代海军水雷的原则，⑤但当代国际法的发展不应仅限于对原有公约的动态解释，更应把那些为各国接受的理论和观点纳入当代法

---

① See UNCLOS, supra note 50, art. 52.
② For a similar assessment of the prior notification requirement, see Reed (1984), pp. 306 – 307 (who rightly maintains that during the two world wars all "war zones," including those enforced by the use of naval mines, had been notified by the belligerents.).
③ 1907 年《海牙第八公约》, supra note 4, art 4。
④ SRM (1995), p. 29.
⑤ See Heintschel von Heinegg (1994), pp. 59 – 70.

律之中。比如《圣雷莫手册》[1] 《美国海上行动法指挥官手册》[2]《加拿大手册》[3]《英国手册》[4]《德国手册》[5] 中的精华部分。

1. 出入中立水域的通道

根据海上中立法禁止在中立国水域开展敌对行为的规定，在与国家主权有关的水域敷设水雷是被明确禁止的，比如中立国的内水、领海和群岛水域。[6]尽管在中立国的领海外进行敌对行动是合法的（包括中立国专属经济区和公海），但进入中立水域的通道不应被阻碍。因此，如果交战方沿中立国海岸敷设水雷，其有义务提供通过布雷区的安全通道，比如留出开放便捷的通道或提供导航服务。但必须强调，只有在极个别情况下，在中立国领海附近地区敷设水雷才是合法的，比如在被敌方使用的封闭海域中。

2. 交战国水域和无害通过权

根据以上提及的所有手册，交战国水域（包括内水、群岛水域和领海）都是"海战区域"。[7] 没有规定禁止在本国或敌国水域布雷。这种权利在1907年海牙和平会议上得到承认。在这些水域布雷将严重影响无害通过权，但也是国际武装冲突中无法避免的后果。中立国船舶唯一的自我保护途径就是避开交战国的水域。此外，根据《联合国海洋法公约》第25条第3款，各国有权暂停无害通过，只要"这种暂停对其国家安全是必须的"。这种权利只有沿海国才能行使，并且限于特定领海海域。在国际武装冲突期间，海战法取代了平时的海洋法律规则。但是布雷的国家有义务在敷设水雷后，"为

---

[1] SRM (1995), supra note 55. See also the related Explanation, which provides additional detail concerning each of the Manual's basic rules.

[2] NWP 1-14M(2007).

[3] Canadian Manual(2001).

[4] UK Manual(2004).

[5] German Manual(2013).

[6] SRM (1995), pp. 15, 16, 86; NWP 1-14M (2007), 7.3, 9.2.3; Canadian Manual (2001), 805, 806; UK Manual (2004), 13.8, 13.9, 13.58 and German Manual (2013), 1205, 1214, 1216.

[7] SRM (1995), p. 87; Canadian Manual (2001), 839 and UK Manual (2004), 13.59.

中立国船舶提供自由出口"。①这意味着布雷的国家有义务通告"触发式水雷的敷设和为预先敷设的水雷装配弹药，除非这些水雷只针对固定的军事目标船舶引爆"。②定向攻击的现代水雷则无需事先通告，因为其不会对无辜船舶造成危险，也不会阻碍无害通过。

3. 交战水域的过境通行和群岛海道通行

1907年《海牙第八公约》并没有禁止在国际海峡敷设水雷。由于《联合国海洋法公约》规定了领海宽度为12海里，许多在原来3海里领海制下包含公海通道的国际海峡，如今与海峡沿海国的领海重叠。同样，在《联合国海洋法公约》出台前属于国际水域的、穿过群岛国的海道，现在位于群岛国享有主权的群岛水域内。为了确保航行与飞越自由，《联合国海洋法公约》规定了过境通行权、群岛海道通行权和不能被暂停的无害通过权。③尽管《联合国海洋法公约》是和平时期的法律，其条款对海战法也有深远的影响，但这不代表和平时期法规可以不经修订就纳入海战法。④

在详细讨论国际海峡和群岛海道布雷的海战规则前，需要强调一点，把领海宽度延伸至最大12海里的权利是公约协商过程中"一揽子协议"中的一个（为了平衡船旗国、港口国和沿海国间的利益）。换句话说，沿海国将自己领海扩展至12海里，就明显有义务赋予他国在与领海重叠的国际海峡内过境通行的权利。这同样适用于群岛水域，群岛海道通行权取决于群岛国是否接受。因此，国际

---

① SRM (1995), supra note 55, 10; Canadian Manual (2001), supra note 59, 703 (1); UK Manual (2004), supra note 60, 13.6; German Manual (2013), supra note 61, 1011.

② 《美海军手册》规定只有军事允许的情况下才发布国际通告。尚不清楚美国是否认为中立船舶的安全附属于军事必要考虑。但一个布雷区的目的是改造地理格局，阻止其他船舶使用某个海域。要达到此目的，只有对雷区事先通告。德军的手册没有明确提出通告，但指出布雷必须遵循有效监控、风险管控和警告的原则。

③ 《联合国海洋法公约》第38、45、53条。在不属于群岛海道通行制度的群岛水域内，他国享有无害通过权，根据《联合国海洋法公约》第52条第2款，可以在某些特定区域内暂停这种无害通过权。

④ 《圣雷莫手册》第27页，"平时国际海峡和群岛水域的过境通行权和群岛海道通行权在武装冲突时期继续适用。"该声明对中立海域来说是正确的，但是否同样适用于交战方的国际海峡和群岛水道令人质疑，因为交战方没有义务为敌方提供这些通行权。

海峡的沿岸国和群岛国受这些特殊机制的制约，① 在《联合国海洋法公约》下，任何减损他国无害通过权（可被暂停的）的声明都是非法的。

过境通行权和群岛海道通行权的主要特点是其不能被暂停或阻碍，沿海国或群岛国有义务不阻碍通行以及对危险发布公告。②在做出相应修改后，这些条款便可以适用于国际武装冲突中交战方的国际海峡和群岛水域。

根据海战法，如果交战方的国际海峡和群岛海道都在"交战区"内，③ 尽管对国际航运很重要，但并没有禁止在这些区域布雷。在国际武装冲突时期阻碍过境通行权和群岛海道通行权的行为是被禁止的，只有交战方提供便捷的替代路径，才有权在国际海峡和群岛海道布雷。④

《英国手册》和《美国海上行动法指挥官手册》并没有全面反映这一立场。根据《英国手册》，关于安全和便捷的规则只适用于群岛海道，⑤在国际海峡中，阻碍过境通行权是被绝对禁止的。⑥《美国海上行动法指挥官手册》规定："海军水雷可被用于疏导中立国航运，但不能因此否认这类船舶的国际海峡过境通行权和群岛海道通行权。"⑦"阻碍"一词的意思是"延迟或阻隔进程或行动"。⑧ "否认"一词的意思是"拒绝给予"。⑨与《英国手册》相比，《美国海上行动法指挥官手册》对交战方在国际海峡布雷的限制更少。《美国海上行动法指挥官手册》与《圣雷莫手册》《德国手册》《加拿大手册》的规定相似，即阻止中立船舶的通行权是非法的，但如果能同

---

① 伊朗和阿曼关于霍尔木兹海峡的宣言不能阻止过境通行机制在该海峡的适用。
② UNCLOS, supra note 50, arts. 38, 44, 53, 54.
③ See authorities cited supra note 65. For the status of neutral international straits and archipelagic sea lanes, see SRM (1995), pp. 23 – 30.
④ SRM (1995), p. 89 and Canadian Manual (2001), p. 841.
⑤ UK Manual (2004), 13.61.
⑥ UK Manual (2004), 13.61.
⑦ NWP 1 – 14M (2007), 9.2.3 (6).
⑧ Stevenson and Waite (2011), p. 713.
⑨ Stevenson and Waite (2011), p. 383.

时提供安全便捷的替代路径，那么阻碍这些通行权可以是合法的。

《英国手册》关于过境通行权的规定比其他手册都要严格。该手册对和平时期国际海峡通行问题做出严格规定，在国际武装冲突期间也没有规定任何例外情况，因此很难说该规定会成为海战法的一部分。以英国为例，如果英国是交战方，则有义务允许在多佛海峡的过境通行不受阻碍，并且不得通过布雷对中立船舶进行分道。但在实践中，《英国手册》还是规定了一种例外情况，即可以敷设"只针对军事目标船舶引爆的水雷"。[①] 因此，我们似乎可以肯定，英国已经准备好在本国或敌国国际海峡使用这类高级武器，因为只有这种武器才不会对过境通行造成阻碍。

4. 国际水域的中立航行

如之前所言，公海的航行自由并不是严格意义上的"通行权"。鉴于其对世界经济和国际安全的重要性，而且中立国在此类水域中享有相关权利，因此有必要简单提及国际水域中布雷行动的合法性（比如领海外的海域）。在此之前，需要对技术意义上的公海（不包括专属经济区、领海、内水或群岛水域）、专属经济区和大陆架内中立国享有国际水域权利做出区分。

国际法并不禁止在中立国的专属经济区或大陆架上的敌对活动。[②] 但交战方有义务照顾沿海国在这些区域的权利。[③] 如果交战方认为有必要在中立国的专属经济区或大陆架上敷设水雷，则有义务不"干预进入"人工岛、人造设施和结构的通道。[④] 另外，雷区的规模和水雷的类型不应给这类设施造成威胁。[⑤] 因此，布雷国有明确的义务为出入此类设施区域提供自由通道，避免从事危害此类设施的所有活动。

---

① UK Manual (2004), supra note 60, 13.55.

② SRM (1995), pp. 10 (c), 34, 35; NWP 1 - 14M (2007), 7.3.8; Canadian Manual (2001), 804 (1) (c), 821, 822; UKManual (2004), 13.6 (b), 13.21andGerman Manual (2013), 1011, 1014, 1016.

③ SRM (1995), p. 34; NWP 1 - 14M (2007), 7.3.8; Canadian Manual (2001), 821; UK Manual (2004), 12.21 and German Manual (2013), 1014.

④ SRM (1995), p. 35; Canadian Manual (2001), 822 and UK Manual (2004), 13.21.

⑤ SRM (1995), p. 35.

在国家管辖权外的海域和海底区域，同样适用对中立国开发自然资源的适当照顾原则，比如在公海及其海底。[1]因为中立国在公海继续享有航行自由（包括专属经济区和大陆架海域），并且这种权利十分重要，所以军事必要性不能成为在公海区域布雷的正当理由，这样做也必然违反现代海战法。二战期间广泛地敷设雷区显然是非法的。正如《美国海上行动法指挥官手册》所规定的那样，在当代海战法中，无节制地在国际水域敷设雷区是被禁止的。在为中立船舶提供可替代安全路径的情况下，可通过布雷设置一定范围的隔离区。[2]国际社会不再容忍不符合这些标准的公海区域布雷行为。

（四）通告

一国布雷行为合法的前提条件之一就是发布通告。[3]通告的责任不再限于水雷"失去监控"的情况，也不受"军事紧急情况"支配。[4]尽管《美国海上行动法指挥官手册》提出"必须在军事紧急情况允许时尽快发布雷区位置的国际通告"，[5]但很难想象有哪种军事紧急情况允许交战方不提供布雷通告。另外，要达成布雷目的，通告是必要的，比如阻止敌人使用布雷区域，所以提供公告符合交战方利益。值得注意的是，通告的义务限于敷设武装水雷以及为预先敷设的水雷填充弹药。[6]因此，非武装水雷的敷设不需要通告。关于"只针对军事目标船舶引爆的"高级海军水雷同样也有相关规定。[7]最后，当今国际法不再要求"通过外交渠道向各国政府"发布通告，使用"航海通告"就够了。

（五）中立方的清雷行动

在分析交战方布雷行动的同时，也应当分析中立方对这些布雷

---

[1] SRM (1995), p. 36; Canadian Manual (2001), 823; UK Manual (2004), 13.22 and German Manual (2013), 1015.
[2] NWP 1-14M (2007), 9.2.3(8).
[3] 《美海军手册》, 9.2.3 (8)。
[4] 1907 Hague Convention VIII, supra note 4, art. 3.
[5] NWP 1-14M (2007), 9.2.3(1).
[6] See SRM (1995), p. 83.
[7] See SRM (1995), p. 83.

所做出的反应。如果交战方的非法布雷行动对中立方领海外海域的航行自由造成不可容忍的威胁，中立方无须容忍这种行为。波斯湾中立国的清雷行动一般被认为是符合国际法的，尤其是海上中立法[1]。《圣雷莫手册》规定："中立国在清除非法敷设的水雷时，不应违背中立法。"[2]各国在本国军事手册中都采用了这一规则。[3]因此，如果交战方干预了包括通行权在内的航行自由权，比如无区域限制地布雷，中立方有权用行动确保这些权利的执行。但值得注意的是，中立方的排雷行动无疑会被视为有利于敌对一方，甚至是"直接参与敌对行动"[4]，因此，基于雷区非法性的排雷行动必须谨慎进行，最好是多国而非单边行动，以此获得更多行动的国际合法性。

## 三、和平时期布雷

美国和德国的官方声明中均表明不禁止和平时期布雷行动的立场，尤其是为了追求国家安全利益可以布雷。另外，在"科孚海峡案"中国际法院的判决显示，沿海国平时可以在领海内布雷。

尽管如此，和平时期海军水雷的使用似乎与国际海洋法不符，因为水雷的存在或仅仅是怀疑水雷存在于某个海域，都必然会对通行权和航行自由产生有害影响。另外，1949年"科孚海峡案"判决后，随着国际海洋法的不断发展，国际上出现越来越多关于平时布雷是否合法的争议。

在探讨这个问题时，我们只考虑国家行为。由于1984年红海布雷行动并非国家所为，所以不在讨论范围。[5]

---

[1] See Ronzitti（1987）and Gioia and Ronzitti（1992），pp. 237-38.
[2] SRM（1995），supra note 55，92.
[3] 《加拿大手册》(2001)，843；《英国手册》(2004)，13.64；《德国手册》(2013)，1245.
[4] See International Committee of the Red Cross（2009），pp. 41-68.
[5] 据称，水雷是利比亚敷设的，尽管"伊斯兰圣战组织"声称是其敷设了水雷。See Levie（1992），pp. 159-162 and the authorities he cites.

## (一) 各国对平时布雷行动的立场

《德国手册》借鉴北约原则,把布雷行动分为保护性、防御性和进攻性布雷。① 保护性雷区的定义是"敷设在友好国家领水内的雷区,目的是保护港口、港湾、锚地、海岸和沿海通道"。② 防御性雷区的定义是"在国际水域或国际海峡的雷区,并宣布其目的是为了控制船舶,保卫海上交通"。③ 进攻性雷区的定义是"在敌方的领水或控制水域中敷设的雷区"。④ 根据《德国手册》,在国际武装冲突爆发前建立保护性雷区是被允许的,前提是确保外国船舶的无害通过权,以及布雷国对水雷保持充分控制。《德国手册》几乎逐字重复了《联合国海洋法公约》第 25 条第 3 款的规定,"如果对保护国家安全至关重要,并且适时发布国际航海警告,沿海国可以在本国领海的特定海域暂停外国船只的无害通过。"⑤《德国手册》明确禁止在国际海峡的保护性布雷;除非在武装冲突中,不允许进行防御性和进攻性布雷。⑥

美国对和平时期布雷有更加详细的声明,"为保证本国国民的安全,一国可以随时在其内水敷设触发式水雷或者控制式水雷,而不必通知他国。和平时期,一国也可以为了国家安全需要在其群岛水域或领海内敷设水雷。在群岛水域或领海内敷设触发式水雷时,必须发布关于水雷情况和水雷位置的适当的国际通告。因为只能暂时停止无害通过权,所以一旦促使该国敷设水雷的威胁终止,则必须排除这些触发式水雷或使其无害。和平时期,不允许在国际海峡或群岛海道中敷设触发式水雷。在本国的群岛水域或领海内敷设控制式水雷时则没有告知或移除的义务。"⑦

---

① German Manual (2013), 1045.
② NATO Standardization Agency (2014), 2 – P – 10.
③ NATO Standardization Agency (2014), At 2 – D – 3.
④ NATO Standardization Agency (2014), At 2 – O – 1.
⑤《德国手册》(2013), 1045.
⑥《德国手册》(2013), 1049, 1050.
⑦ 美国海军部著,宋云霞等译:《美国海上行动法指挥官手册》(2007 版),海军出版社 2012 年版,第 159 页。

·第三章　海上布雷行动·

　　在没有获得相关国家同意的情况下，平时不得在他国内水、领海或群岛水域部署水雷。在并非毫无道理地干预他国合法使用海洋权利的前提下，可以在国际水域（领海外）部署可控性水雷。关于何为"毫无道理"地干预涉及一些因素的平衡，包括敷设水雷的原因（比如布雷国的自卫要求）、布雷区的范围、对其他合法海洋使用权的威胁，以及布雷的持续时间。由于可控性水雷对航海不造成威胁，所以不需要发布其敷设的国际通告。

　　除非出于单独或集体自卫的迫切需求，不得在武装冲突爆发前在国际水域部署触发式水雷。在此情形下，在国际水域敷设触发式水雷，必须预先通告敷设的位置。和平时期一国在国际水域敷设触发式水雷，必须在该水域派驻军舰，以确保靠近危险区域的船舶获得及时的警告。在促使敷设水雷的迫切需求消除后，所有触发式水雷必须被迅速排除或使其无害。[①]

　　德国和美国都认为，在对国家安全十分重要或必须的情况下，可以允许在本国水域布雷。从原则上讲，除非水雷可以得到充分控制，不会对无辜船舶造成威胁，否则都需要事先通告。尽管《德国手册》没有区分触发式和控制式水雷，但其提及"足够控制"一词，可以认为控制式水雷的敷设不需要预先通告。[②]但《德国手册》对国际海峡和群岛海道做出了区分，并禁止在这些区域进行布雷。《美国海上行动法指挥官手册》则允许在国际海峡和群岛海道敷设控制式水雷（区别于触发式水雷）。

　　美德两国都禁止在平时敷设进攻性水雷。美国提出过一种例外情况，即雷区所在国同意的情况。德国虽然没有提出这种例外情况，但《德国手册》关于禁止敷设进攻性水雷的显著前提是没有获得相关国家同意。因此，如果雷区所在国同意，布雷就不具"进攻性"，也即不算对国家领土主权完整的侵犯。

　　在国际水域的布雷行动，两国手册也有很多不同规定。根据《德国手册》，不允许平时在德国领海外布雷，不论是触发式或控制

---

[①] NWP 1–14M (2007), 9.2.2.
[②] German Manual (2013), 1047.

051

式水雷。根据美国立场，任何时候都可敷设控制式水雷，并且只要出于单独或集体自卫目的，以及事先通告或对水雷有充分控制，即允许敷设触发式水雷。但这种看似明显的差别却在事实上差别不大，因为德国只是在平时、而非战时适用此规定。根据《德国手册》，德国政府似乎并未限制自己出于单独或集体自卫权而采取布雷行动。因此可以得出结论，德美两国除了平时在国际海峡的布雷规定不同外，对平时布雷行动的法律立场大致相同；在涉及行使自卫权时，这个差异也很小。关于使用高级的、具有辨别力的海军水雷方面，德国政府不太可能放弃反击敌人武装进攻和突发武装进攻的权利，因为唯一有效的反击手段就是在国际海峡布雷。

（二）"科孚海峡案"判决[①]

美国和德国关于平时布雷的立场与"科孚海峡案"判决结果并不矛盾。[②]在该案中，法院并没有判定在阿尔巴尼亚领海的布雷行为违反国际法。尽管法院指出科孚海峡北部属于平时通行不能被禁止的国际通行海峡，[③] 该案判决对《联合国海洋法公约》规定的国际海峡特殊法律地位的影响不大。

阿尔巴尼亚对英国军舰受损负责，仅仅是因其可能知道布雷的存在，对国际船舶造成严重威胁。[④]因此，知情的阿尔巴尼亚有义务发出通告，"为了一般船舶的利益，告知阿尔巴尼亚领水内雷区的存在"，并警告"靠近的英国军舰将要进入雷区的危险"。[⑤]法院认为，

---

[①] 1946年10月22日，一支由两艘巡洋舰和两艘驱逐舰组成的英国舰队由南向北驶入属于阿尔巴尼亚领水的科孚海峡北部。其中两艘驱逐舰触水雷爆炸，造成舰只严重损坏、死亡82人的重大损失。事件发生后，英国政府通知阿尔巴尼亚政府，其准备再次到有关水域扫雷，遭到阿尔巴尼亚政府的强烈反对。11月12日和13日，英国舰队到科孚海峡阿尔巴尼亚领水内扫雷，发现22枚德国制式水雷。英国认为，阿尔巴尼亚应对其舰只和人员的伤亡承担责任，将事件（案件）提交到国际法院。国际法院经审理，判决阿尔巴尼亚应对爆炸事件负责。

[②] Corfu Channel, *supra* note 30.
[③] Id. At 29.
[④] Id. At 18–22.
[⑤] Id. At 22.

此类义务不是基于适用战时的1907年《海牙第八公约》，而是基于（1）一般的、习惯的原则，即人性的基本考虑，这在平时比战时的要求更严格；（2）海洋交通的自由原则；（3）以及每个国家有义务在知情的情况下，禁止本国领土被用来侵犯他国权利的行为。[1]

如果阿尔巴尼亚政府对布雷行为不知情，则没有义务警告国际航运。另外，法院判决的最初前提就是水雷的确造成了危险。阿尔巴尼亚不需要解决没有武装的控制性水雷，因其不对国际船舶造成威胁。美德关于平时领海布雷的观点与法院一致，即如果布雷对国际船舶造成威胁，则有责任发布警告。

### （三）平时布雷和《联合国海洋法公约》的航行条款

有必要对美国、德国和《联合国海洋法公约》的相关规定做出比较。尽管美国不是《联合国海洋法公约》的成员国，但美国认为公约关于通行权和航行自由的条款反映了习惯国际法，[2] 因此对所有国家均有约束力。

#### 1. 无害通过

根据《联合国海洋法公约》第24条第2款，"沿海国应对其知情的、领海内对航行的任何危险发布适当公告。"这项义务与"科孚海峡案"判决相似，但其法律依据不是"一般的、习惯的原则"，而是《联合国海洋法公约》第25条第3款对海军水雷的规定。在该条款下，沿海国出于保护本国安全的目的（包括武装演习），在形式或事实上对外国船舶不加歧视的前提下，可以在其领海的特定海域暂停外国船舶的无害通过。这种暂停只有在发布适当公告后方可生效。

美国和德国关于平时在本国领海内布雷的立场与公约中两条款一致。《联合国海洋法公约》第25条第3款只提到武装演习，但不具有排他性，两国都认为敷设触发式水雷会对航海造成危险，会暂停相关海域的无害通过权，因此这种布雷必须事先通告。由于控制

---

[1] Corfu Channel, *supra* note 30.
[2] NWP1-14M (2007), 1.2.

式水雷并不会造成无害通过权的暂停，也不会对航行造成危险，所以《联合国海洋法公约》第25条第3款和第24条第2款都没有规定此类布雷行动需要提前通告。德美两国尽管都声明各国有权在本国主权海域布雷，但都认为触发式水雷的敷设前提是出于保护国家安全的需要。

遗憾的是，德美两国的手册都没有提及《公约》第45条中关于两类海峡的无害通过不应予以停止的规定。[①] 鉴于两国都接受《联合国海洋法公约》关于航行的条款（德国视其为条约法，美国视其为习惯法），可以认为两国都不准备干预这项权利。

最后，与在领海暂停无害通过的权利相同，《联合国海洋法公约》第52条规定了群岛国在群岛水域暂停无害通过的权利。美国在领海布雷的立场同样适用于群岛水域，并与《公约》第52条相符。

2. 过境通行和群岛海道通行

根据《联合国海洋法公约》第38条第1款和第44条，过境通行权和群岛水道通行权不可被阻碍、妨碍或暂停。美国和德国认为在国际海峡和群岛海道敷设触发式水雷。这一规定似乎与《公约》规定的义务不符。尽管美国没有直接声明，但其立场似乎是可以在国际海峡和群岛海道敷设控制式水雷。美国也承认，尽管没有武装的控制式水雷对无害船舶不造成威胁，但仅仅是对水雷存在的怀疑，就可能促使国际船舶避免从该国际海峡或群岛水道通过，或者通过这种海峡或水道时会极其小心谨慎，这样就可能延迟通行，造成对通行的"阻碍"，违背了《联合国海洋法公约》第38条第1款和第44条。

3. 公海航行自由

国际法没有禁止对公海的军事利用，包括他国的专属经济区和大陆架。[②]因此，只要不对国际船舶造成危险，各国可以在这些区域

---

[①] 《联合国海洋法公约》第45条规定，无害通过制度适用下列用于国际通行的海峡：(1) 按照第38条第1款不适用过境通行制度的海峡；以及 (2) 在公海或专属经济区的一部分和外国领海之间的海峡。在这种海峡中的无害通过不应予以停止。

[②] See Heintschel von Heinegg(2005).

布雷。

美国对在国际水域敷设触发式和控制式水雷进行了区分，并规定在没有不合理地干预其他国家合法利用海洋权利的前提下，可以在国际水域敷设控制式水雷。关于触发式水雷，美国认为不可以依据海洋法规定或国家安全考虑在国际水域敷设这种水雷，但认为可以根据《联合国宪章》第 51 条规定的单独或集体自卫权这样做。其理由是：《联合国海洋法公约》起草时的目的是为了规范和平时期的海洋利用，并没有涉及自卫权行使问题；美国认为在国际水域敷设触发式水雷的前提条件是事先通告、军舰存在、威胁消除后马上使其失效，这与军事必要、成比例和即时性等要求相符合，所以在自卫权的限制范围内。

## 结　论

目前，海战法和海上中立法大大加强了对中立国行使航行自由权利，尤其是过境通行权和群岛海道通行权的保障。这些法律限制了交战国敷设水雷的行为，为中立国行使航行权提供了法律依据。

尽管国际法没有禁止在中立国领海以外的海域布雷，交战方不再有权任意干预中立国在公海上的航行自由以及过境通行权和群岛海道通行权。虽然法律规定大致如此，但交战方在国际海峡和群岛海道布雷问题还没有得到彻底解决。

除了对布雷的限制规定，根据目前相关实践，中立国可以采取自助措施应对非法使用水雷的行为。因此，如果交战方的布雷行动违反了海战法的限制规定，受害的中立方有权排除非法敷设的水雷，以确保自身航行权利。排除非法敷设水雷的权利不仅限于国际水域，也包括国际海峡和群岛水域，即便这些水域属于具有过错的交战方的领海范围。

海战法和海上中立法对国际武装冲突期间水雷敷设、保护无辜船舶方面做出了较为清晰的规定，相比之下，平时布雷行动的合法性却较为模糊。目前只有美德两个国家明示了在何种情况下布雷符合国际法规定。两国都认为平时的布雷是一种例外性权利，对在本国领海布雷适用的法律也持一致意见。美国进一步规定在何种情况下允许在国际水域布雷，而德国没有相关规定。所以，可以说当前国际法对此并没有明确的专门规定。

尽管如此，判断布雷行动合法性的法律标准仍应继续属于国际海洋法的范畴，这是持续有效保护国际航运的最佳途径。当然也不排除诉诸战争权/开战权的适用，尤其是单独或集体自卫权。一国明显不必等到被武装攻击后才行动，而是可以通过敷设水雷对逼近的武装攻击做出回应。出于自卫权利，一国可以在国际水域使用控制式或非控制式水雷。

最后，适用于海军水雷的法律充分认识到1907年《海牙第八公约》签署后水雷技术的发展，并接受触发式和控制式水雷的区别。触发式水雷不论是在国际武装冲突时还是平时，的确是一种"隐藏的威胁"，因此应对其制定规范规则和原则，以减少其威胁。控制式水雷，由于在平时以及武装冲突时可控，只打击军事目标，所以对国际船舶的威胁较小。除了为保护领土主权或一些国家习惯性主权权利的情况下，对控制式水雷的使用没有更多限制。

# 第四章
# 海上搜救行动

本章主要解决三个问题：第一，根据搜救公约及其附件规定和沿海国实践，提供有关全球搜救体系的国际框架和组织概况。其实，在公约执行了45年后，还有很多人不知道有这样一个标准化、全球性的海上搜救体系。尽管这套体系不尽完美，但却提供了一个重要平台，帮助沿海国建立合作，开展更加有效的生命援救任务。第二，重点讨论船长和沿海国在合作开展海上搜救行动时的特定搜救责任和国际法律要求。各型客船、货船和军舰每日在世界大洋中穿行。在很多时候，这些舰船中的某一艘就可能成为附近遇险人员唯一的搜救力量，发挥生死攸关的作用。沿海国负有协调搜救行动和支援相关船长的责任。这部分还将从搜救角度讨论海上难民问题。成千上万人被带到海上，很多是为了逃生，一旦发生海难，需要探讨相应的行动是在搜救公约下的搜救行动，还是国家边境安全范畴内的执法行动。第三，探讨海上搜救中的两个重要问题。一是根据国际法，舰船或飞机在沿海国领海内进行搜救活动时应当承担的责任和履行的义务。一般来说，船长为遇险人员提供援助的责任不应止步于相关沿海国的领海边界。当一国领海内发生海难，周边舰船是否可以进入该国领海提供援助？飞机是否可以进入该国领空开展援救行动？本部分将分七种情况予以讨论。二是海上搜救行动中的强制撤离问题。如果根据现场救援人员判断，只有把人员强制撤离船舶才能拯救其生命的话，救援人员是否可以使用武力强制某人弃船离开？如果可以，应考虑使用何种武力？搜救部门应制定相关政策和程序，以备日后发生类似情况能够做出正确及时反应。

本章并未对以上问题进行穷尽式法律分析，主要目的是为搜救部门和搜救人员提供相关的国际法概要，为其未来制定政策和程序提供参考。

## 一、搜救行动简介

"财政部，
华盛顿，
1897 年 11 月 15 日

先生：据所获信息可以确认，一个由八艘捕鲸船组成的船队在北冰洋巴罗角附近被冰所困，最新数据显示有 265 人在船上处于危难之中，需要紧急行动援救这些捕鲸渔民。因此决定派遣远征队实施救援。

鉴于您在极地的丰富工作经验和能力，您被选为本次远征队的指挥官。将为您的舰船配备您自己选择的合适的船组人员……

在此，您被授权采取行动应对任何突发或紧急情况，与您英勇的船员一起，尽一切努力取得救援行动的成功。

最后，祝你们此次行动成功，平安返航。"[1]

搜救处于危难之中的人是一个历史悠久的传统。上文是一个世纪以前给美国弗兰西斯船长的一份指令，派遣他及其船员到北冰洋救援被困的捕鲸者。这是海员和沿海国援救生命的一个典型案例。

援救生命的传统延续至今，但面临一些新挑战。恶劣天气、海况、长距离和有限搜救资源带来的挑战依旧存在。但随着国际和国家搜救组织、实践、程序、能力和技术在不断进步，如今国际社会有更大决心和信心共同合作，拯救海上生命。

船舶在大洋航行时以及飞机在大洋上空飞行时总会遇到各种风险，在协调和组织海上搜救行动中也会遇到各式挑战，所以沿海国需要执行国家的搜救机制和利用各种搜救组织，以搜索和救援海上

---

[1] Gage (1897), pp. 5–10.

遇险人员。但是在 1970 年前，没有一个全球统一标准的组织、协调和开展救援行动的机制。为了协调这些不同的组织和程序，1979 年国际社会通过国际海事组织（IMO）制定了《国际海上搜救公约》（SAR Convention）。这部公约提供了国际标准基础和框架，使沿海国能在一个全球海事搜救体系中共同合作。①国际海事组织认为这部公约能够使国际社会更有效地救助海上遇难人员："1979 年公约旨在制定一个国际搜救计划，不论事故在何处发生，都有一个搜救组织协调救援行动，并在需要时与邻近的搜救组织合作。"

尽管基于传统和国际条约，舰船都有义务援助遇险船舶，但在国际海上搜救公约出台前，没有关于搜救行动的国际机制存在。当时，某些地区搜救组织较为成熟，但在另一些地区却没有任何组织。②

根据公约规定，每个沿海国都根据本国的搜救资源、地理特征、政治考虑、文化影响、可使用资金以及国内搜救法律框架，建立本国的海上搜救部门和组织。每个国家的搜救组织建立自己的政策、程序、战术和训练方式，形成本国的搜救机制，尔后成为全球搜救体系的组成部分。通过这个国际标准化框架，沿海国共同合作开展海上搜救。

## 二、全球搜救体系概况

> "我一直在想，我们真的太幸运了。我们的船和泰坦尼克号的区别就是，我们船不是在大洋中部遇难。如果我们也是在大洋中部遇难，多数人都不可能活下来。"
> ——麦克·卡坚，柯斯达康柯达号乘客③

地球表面 70% 都由大洋覆盖。几个世纪以来，在大洋上航行的

---

① SAR Convention（1979）；number of contracting states 2017：106.
② SAR Convention（1979）；number of contracting states 2017：106.
③ Jones（2013）.

海员都有责任援助海上遇险人员，这在几个国际公约中都有相关规定。但是20世纪早期造成大量人员死亡的几场大规模灾难，使国际航海界深感困扰。逝去的生命时刻提醒人们，提供援助的责任还不够，还需要一个组织协调和开展海上救援的国际搜救体系。

在《国际海上搜救公约》通过之前，没有一个协调和开展海上生命救援行动的总体性国际计划。一些海区的沿海国搜救体系确实有力且有效，而其他一些国家的相关体系却极其有限或根本没有。由于当时没有国际治理机制对搜救过程和程序制订标准，所以也没有一个国际公认的体系可以协调和开展搜救行动。

《国际海上搜救公约》的通过填补了这一空白。它建立了一个框架，使各国能依此建立本国的搜救体系，[①]包括建立援助协调中心（RCCs）以及援救分中心（RSCs），以协调沿海国搜救区内的行动。[②]

该公约于1985年生效后，各国纷纷呼吁进一步制定指导原则。为此，国际海事组织和国际民用航空组织出台了《国际航空和海上搜寻救助手册》（IAMSAR Manual）。[③]该手册为各国发展和协调本国航空和海上搜救组织、计划和行动提供了指导原则和程序，也为各国搜救行动的协调和开展提供了帮助。

《国际航空和海上搜寻救助手册》第一卷（组织和管理）为搜救行动管理者提供了重要参考，"确保管理者理解搜救的基本概念和

---

① 《国际海上搜救公约》（1979年）附件（2.1.2）规定："缔约方应单独或在适合时与他国合作，建立以下搜救服务的基本单元：（1）法律框架；（2）指定责任部门；（3）组织可用资源；（4）通信设施；（5）协调与行动功能；（6）改进服务的计划、国内和国际合作关系。各缔约方应在可行范围内，尽可能遵守国际搜救组织的相关最低标准和指导方针。"

② 《国际海上搜救公约》（1979年）附件（1.3.4，1.3.5，1.3.6）规定："搜救区域：提供搜救服务、拥有援救协调中心的一个位置明确的区域"；"援救协作中心：负责促进搜救行动有效组织以及协调搜救区域内搜救行动的单位"；"援救分中心：从属于援救中心、旨在根据责任部门特殊条款补充救中心功能的单位"。

③ 《国际航空和海上搜寻救助手册》（2013年）。

原则，提供实用信息和指导来帮助管理者建立和支持搜救服务。"①第二卷（任务协调）向规划和协调搜救行动的人员提供指导与信息。②第三卷（移动设施）是关于搜救行动中可以利用的船舶和飞机的运输援助。

第一卷（组织和管理）解释了国际海事组织和国际民用航空组织制定《国际航空和海上搜寻救助手册》的目的："国际海事组织和国际民用航空组织共同制定了该手册，以促进两个组织之间、邻国之间以及航空和海事组织之间的合作。本手册的目标是帮助各国政府建立经济有效的搜救服务体系，促进航空和海事搜救服务之间的协调，以及确保所有遇险人员，不论地点、国籍或环境，都能获得救援。鼓励各国政府尽可能促进和协调航空和海上搜救服务。"③

在全球搜救体系中，沿海国的搜救体系也有责任和义务开展有效的搜救任务。主要协调三个层次的工作：一是搜救协调者是有责任管理和监督沿海国搜救组织的机构或个人；④二是搜救任务协调者是由官方临时指派，负责协调、指挥和监督搜救行动的组织或个人；⑤三是在某个特定区域有多组力量共同工作时，现场协调者

---

① 《国际海上搜救公约》(1979 年) 附件（1.3.3）把搜救服务定义为："通过使用包括合作飞机、船舶和其他工具设施的公共和私人资源，对遇险情况实施监控、通信、协调和搜救功能，包括提供医疗建议、初步医疗援助或医疗撤离。"
② 《国际航空和海上搜寻救助手册》(2013 年)。
③ 《国际航空和海上搜寻救助手册》(2013 年)，第 1 页（第 1.1.3 段）。应注意到搜救服务也可由单个国家或地区提供："建有有效的国家搜救组织的单个国家可以提供搜救服务，或由国际搜救组织和一个或多个国家合作提供。"
④ 《国际航空和海上搜寻救助手册》(2013 年)，第 xiii 页。协调者的定义是"在一个行政机构内，负有建立和提供搜救服务以及确保这些服务计划良好协调的一个或多个人员或机构"。第二卷（第 1.2.2 段）声明："协调者负有建立、提供人员、装备和管理搜救体系的整体责任，包括提供适当的法律和资金支持，建立援助协调中心和分中心，提供或安排搜救设施，协调搜救训练，以及制定搜救政策。协调者是最高级别的管理者；每个国家一般都有一个或多个人员或机构承担这项责任。"
⑤ 《国际航空和海上搜寻救助手册》(2013 年)，第一卷，第 xiii 页。The SMC is defined (paragraph 1.2.3) as "the official temporarily assigned to co-ordinate response to an actual or apparent distress situation." See also ibid., vol.2, pp.1 – 2.

(OSC) 可以由搜救协调者指派。①另外，如果搜救行动涉及多种飞机使用，飞机协调者可由搜救协调者或现场协调者指派。飞机协调者负责飞行安全，确保行动中飞机的有效使用。②

## （一）搜救区域

为了执行《国际海上搜救公约》规定的国际搜救任务，世界各大洋被划分为几个海上搜救区域，每个沿海国对相关区域负有协调和开展搜救行动的责任。③一般认为，沿海国需要建立各自的搜救区域，但搜救区域的划分只是临时的；《国际海上搜救公约》要求搜救区域附近的沿海国签署合作协议，正式建立各自搜救区域。④该协议不仅划分搜救区域，也为沿海国开展搜救行动国际合作与协作提供了平台支撑。该搜救协议可以是双边或多边签署，比如2011年北极八国，即加拿大、丹麦、芬兰、冰岛、挪威、俄罗斯、瑞典和美国，签署了把整个北极区划为海上和航空搜救区域的《北极地区航空和海上搜救协议》，使八国搜救合作协调制度化。

建立全球搜救系统的一个切实好处是，随着全球性搜救区域的划分，各国不需要为旅行到世界各地的本国国民提供搜救服务。沿海国在本国负责的搜救区域内有义务为所有需要的人提供搜救服务，不论遇险人员的国籍、地位或所处环境如何。⑤

关于沿海国在海上搜救区域内提供搜救服务，还有两个重要因素需要考虑：

---

① 《国际航空和海上搜寻救助手册》(2013年)，第一卷，第 xii 页。The OSC is defined (paragraph 1.2.4) as "a person designated to co-ordinate search and rescue operations within a specified area." See also ibid., vol. 2, pp. 1-3.

② 《国际航空和海上搜寻救助手册》(2013年)，第一卷，第 xi 页。The ACO is defined (paragraph 1.2.5) as "a person or team who co-ordinates the involvement of multiple aircraft in SAR operations in support of the SAR mission co-ordinator and on-scene co-ordinator." See also ibid., vol. 2, pp. 1-3.

③ 与《国际海上搜救公约》附件规定的海上搜救体系对应的是1944年《芝加哥公约》规定的全球航空搜救体系。

④ 《国际海上搜救公约》(1979年)附件（第2.1.4段）规定："每个搜救地区都由相关方签署协议后方可建立。须通知秘书长这种协议的签署。"

⑤ 《国际航空和海上搜寻救助手册》(2013年)，第一卷，第1.6.3段。

第一，海上搜救区域不是沿海国国家边界的延伸，而是该沿海国接受搜救行动协调责任的地理区域。① 理解这个概念十分重要，这样沿海国就可以将自己海上搜救区域的一大部分延伸到公海上。②

第二，《国际海上搜救公约》并没有要求沿海国必须动用所有搜救资源应对本国搜救区域内的全部灾难。正如之前所言，搜救区域仅仅定义了一个地理范围，沿海国在其中有责任"协调"搜救行动。③《国际海上搜救公约》的要求是基于海上协调开展生命救援行动的悠久传统。所有可用资源都应用于拯救生命，包括地方、区域、国家以及国际资源，志愿者，商业船舶和飞机，等等。正如《国际航空和海上搜寻救助手册》所指出的那样，"和其他体系一样，国际搜救体系由各个部分组成，但每个部分必须协同合作才能提供整体服务。国际搜救体系的发展涉及搜救区域的建立，以及每个区域内接收警报、协调和提供搜救服务功能的发展。每个搜救区域都有一个救援协调中心。搜救区域常常与飞行信息区域（FIRs）重叠。《国际民航组织公约》和《国际海事组织公约》关于搜救目标的规定都是建立一个全球搜救体系。从操作层面上看，全球搜救体系的建立有赖于各国搜救体系的建立，通过各国搜救服务的整合实现全球覆盖。"④

## （二）救援协调中心/分中心

沿海国的救援协调中心和分中心是全球搜救体系的中坚力量。

---

① 《国际海上搜救公约》(1979年) 附件（第2.1.7段）明确规定："搜救区域的划分与国家间的划界无关，也不应对其造成任何影响。"《国际航空和海上搜寻救助手册》(2013年)，第一卷，第2—8页（第2.3.15段）规定："搜救区域的建立仅仅是为确保这个地理区域内由某个国家对协调搜救服务负有首要责任。各自区域和搜救服务间的合作应尽可能密切。"

② 《联合国海洋法公约》(1982年) 第86条关于公海的规定："本部分条款适用于国家专属经济区、领海和内水以外，以及群岛国的群岛水域以外的水域。"《联合国海洋法公约》(1982) 于1994年11月16日生效；2017年签署国数目为167个。

③ 《国际海上搜救公约》(1979年) 附件（第2.1.9段）规定："各国接受在特定区域内提供搜救服务的责任，应使用搜救单位和其他可用设施为海上遇险或疑似遇险的人员提供援助。"

④ 《国际航空和海上搜寻救助手册》(2013年)，第一卷（第2.1.1段）。

这些中心负责组织、协调和实施海上搜救区域内的搜救服务和搜救行动。①《国际海上搜救公约》附件要求每个海上搜救区域都配有一个救援协调中心或分中心。②救援协调中心应建立在其能最有效发挥协调功能的位置，提供24小时服务，配有专门训练过的人员，有能力接收遇险警告，以及对不同灾难情形制订相关行动计划。③

如果在某些情况下，救援协调中心不能在自己搜救区域内的某个特定地理区域中有效协调搜救服务，沿海国的搜救区域部门可以建立一个救援分中心，以行使在特定搜救次区域中协调搜救行动的责任。④ 救援分中心可以拥有和救援协调中心同等的能力，是可以在次区域中独立协调搜救行动的官方机构。⑤

尽管全球搜救系统不尽完美，但通过各国协同合作救援生命的实践，该系统每年都在不断改进。全球搜救部门都理解《国际海上搜救公约》赋予其的责任。国际搜救部门和组织共同分享和研究搜救实例中的经验教训。世界上很多地区的沿海国都认识到，一个国家很难独立提供有效的搜救服务。在这些区域，沿海国共同合作制定地区搜救计划和合作安排，以履行《国际海上搜救公约》所规定的职责。

---

① 《国际航空和海上搜寻救助手册》(2013年)，第一卷，第2—3页，第2.3.1段。
② 《国际海上搜救公约》(1979年)（第2.3.1段）规定："公约签署方应单独或与他国合作建立援助协调中心或合适的分中心，以提供搜救服务。"应注意到，根据《芝加哥公约》(1944) 附件12，全球航空搜救体系同样要求签署国建立航空救援协调中心；每个航空搜救区域配有一个协调中心。相比之下，在全球海上搜救体系中，海上搜救中心协调每个指定海上搜救区域内的海上搜救行动。当各国的国家搜救机制运行时，如果一个特定的救援协调中心同时协调空中和海上搜救任务，那么该中心就可被称作联合救援协调中心。当一个沿海国既有海上也有空中救援协调中心时，相关部门必须密切合作，以确保在海上和空中搜救区域重叠的地方，搜救行动能够有效开展。这在《国际海上搜救公约》附件第2.4.1段以及《芝加哥公约》附件第3.2.2段中都有相关建议和要求。
③ 《国际航空和海上搜寻救助手册》(2013年)，第一卷，第2-4-2-5页。
④ 《国际航空和海上搜寻救助手册》(2013年)，第一卷，第xiv页。搜救次区域的定义是："设有救援分中心、在一个搜救区域中的特定区域"。比如，美国海岸警卫队有两个救援分中心（波多黎各圣胡安救援分中心和关岛救援分中心），负责协调各自次区域内的搜救行动。
⑤ 《国际航空和海上搜寻救助手册》(2013年)，第一卷，第2—9页。

## （三）船长和沿海国的义务：海上被救人员

2014年5月，美国援救协调中心得到报告，一艘在公海上航行的客船遇到了一个看似废弃的船舶，上面载有39人。鉴于船舶和人员规模，这艘客船按照援助海上遇险人员的国际责任要求，将39名人员接收到客船上。尽管这艘客船是在某个沿海国附近，但却处于另一个沿海国的海上搜救区域内。在安全接收了39名幸存者后，这艘客船继续向下一个港口航行，也就是第二个沿海国。航行过程中，该客船通知相关援救部门关于本船救助39名人员的情况，但在客船到达港口后，相关援救部门却没有按照《国际海上搜救公约》要求，协调接收或转移幸存者到安全位置。因此，这艘客船不得不继续收留39名幸存者，并向下一个美国港口出发。美国海岸警卫队得知此情况后，与客船联系，并安排客船与海岸警卫队的小快艇在海上接洽，这39名幸存者才得以安全转移到小快艇上。事实上，美国及其海岸警卫队是被迫代表那个沿海国履行协调被客船救助的幸存者上岸和安置的职责。根据规定，一旦转移幸存者过程结束，这艘客船的义务也随之结束，可以继续向目的地航行。

这一事件体现了海上船舶以及沿海国在全球搜救体系中需履行的职责。在该事件中，船长履行了为海上被救人员提供援助的责任。但沿海国拒绝履行协调幸存者上岸的责任，使船长不得不继续履行照顾幸存者的责任。因此可以说全球搜救体系在该事件中是失败的。需要强调的是，船长和沿海国都必须是全球搜救体系的积极参与者，都应致力于援救海上生命。

根据规定，船长和沿海国在海上援救行动中应履行下列责任和义务。

1. 船长

海上船舶是全球搜救体系的眼睛和耳朵。在很多情况下，都是船舶最先接收到遇险者的信号，所以船舶可以成为提供援助的第一资源。每天大洋上都有船舶开展援救生命的行动，一般情况下，海上船舶都愿意接受这种援救生命的机会。

目前，国际上三个公约正式提到船长对海上遇险人员提供援助的义务。① 该义务的履行对确保全球搜救体系的完整性至关重要。

第一，1974年《国际海上人命安全公约》（SOLAS 公约）是关于商船安全最重要的条约。② 该公约第五章第33条规定："海上航行船舶在收到海上有人员遇险的信息时，如果该船舶有能力提供援助，则船长有责任全力以赴提供救援，并且在可能的情况下通知遇险人员或搜救机构。不论遇险者的国籍、地位、所处环境如何，这种提供援助的义务都存在。如果接收到遇险信号的船舶不能、或在特殊情况下认为自己不合适或不必要提供援助，船长必须把原因记入航海日志中，并需考虑通知合适的搜救服务部门。"③

第二，《联合国海洋法公约》第98条规定船长有责任向遇险人员提供救助：

每个国家应责成悬挂该国旗帜航行的船舶的船长，在不严重危及其船舶、船员或乘客的情况下：

（a）救助在海上遇到的任何有生命危险的人；

（b）如果得悉有遇难者需要救助的情形，在可以合理地期待其采取救助行动时，尽速前往拯救；

（c）在碰撞后，对另一船舶、其船员和乘客给予救助，并在可能情况下，将自己船舶的名称、船籍港和将停泊的最近港口通知另一船舶。④

请注意第98条是对船旗国而言。船旗国必须确保任何悬挂其国旗的船舶向海上遇险人员提供救助。"在不严重危及其船舶、船员或

---

① 《国际航空和海上搜寻救助手册》（2013年），第一卷，第32、111页。
② 国际海事组织网站解释了为什么《国际海上人命安全公约》被认为是所有关于商船安全的国际条约中最重要的。其第一部在1914年通过，是针对泰坦尼克号船海难制定的；第二部在1929年通过；第三部在1948年通过；第四部在1960年通过。1974年这部包括一个默认程序，即在特定日期修正案应生效，除非在这个日期之前，有特定数目的国家提出对修正案的反对。因此，1974年公约经历了多次更新和修改。今天实行的1974年《国际海上人命安全公约》有时也被称作修正版。
③ 1974年《国际海上人命安全公约》第268页，该公约允许军舰在特殊情况下这么做。公约生效时间：1980年5月25日；2017年签约国数量为162个。
④ 1982年《联合国海洋法公约》第98条。

乘客的情况下",船主有义务提供救助。①

第三,《国际救助公约》第 10 条规定:

(1) 只要不至于对其船舶及船上人员造成严重危险,每个船长都有义务援救在海上有丧生危险的任何人员。

(2) 缔约国应采取必要措施履行第 1 款所规定的义务。

(3) 船舶所有人对船长不履行第 1 款中的义务不承担责任。②

显而易见,有些情况下船长没有责任救助遇险人员,比如如果提供救助会给船舶及船上人员造成危险的情况。③再如救助难以实行或即使实行也无效的情况。④

这三部公约都确认了船长对海上遇险人员的救助义务,以及人道对待救到船上的幸存者。⑤多数船长都会认识到,如果情况逆转,他们自己的船舶和船员陷入危险中,就需要另一艘船来提供同样的救援。《海上获救人员待遇准则》为船长明确了指导方针:"全世界的搜救服务都有赖于海上船舶对遇险人员的救助。如果只依靠岸基

---

① Commander's Handbook (2007), pp. 1 – 1, states: "Although the United States is not a party to the 1982 LOS Convention, it considers the navigation and overflight provisions therein reflective of customary international law and thus acts in accordance with the 1982 LOS Convention, except for the deep seabed mine provision." 另外,根据美国法典 [46 USC 2304 (a) (1)],在不严重危及其船舶、船员或乘客的情况下,船长或船舶负责人应向海上遇到的任何有生命危险的人提供救助,如果船长或相关个人违反此规定,将面临 1000 美元以下处罚,或两年以下监禁,或二者并罚。但这项义务不适用于美国军舰。

② Salvage Convention (1989); entered into force: 14July 1996; number of contracting states 2017: 67.

③ The Salvage Convention (1989), article 10; SOLAS (1974), chapter V, regulation 33, paragraph 1.

④ E. g., the annex to the SAR Convention (1979) (paragraph 4.8.1) states: "Search and rescue operations shall continue, when practicable, until all reasonable hope of rescuing survivors has passed". According to paragraph 4.8.4, "If a search and rescue operation on-scene becomes impracticable and the rescue co-ordination centre or rescue sub-centre concludes that survivors might still be alive, the centre may temporarily suspend the on-scene activities pending further developments, and shall promptly so inform any authority, facility or service which has been activated or notified".

⑤ SOLAS (1974), chapter V, regulation 33, paragraph 6, states: "Master of ships who have embarked persons in distress shall treat them with humanity, within the capabilities and limitations of the ship."

援救单位，是不可能及时为所有海上遇险人员提供搜救服务的。船长必须履行某些义务，以保障海上生命安全和保持全球搜救服务体系的完整性，他们自己也属于该体系的一部分。他们还需履行人道和法律义务。"①

关于船长援救海上遇险人员的法律是否同样适用于军舰呢？②海上军事行动的复杂性意味着若要一艘军舰参与搜救行动和接收幸存者，尤其是与沿海国的搜救协调人协作护送幸存者上岸，可能对军舰造成挑战。在和平时期，军舰参与搜救行动就较为困难，而在武装冲突期间则更加复杂。

有趣的是，1974年《国际海上人命安全公约》（第五章第33条）和《救助公约》（第10条）都没有要求军舰和其他非商业、政府船舶对遇险人员提供救助。③但习惯国际法却要求军舰也遵守这项要求。④《联合国海洋法公约》也未规定船旗国有义务要求船长遵守公约第98条。正如之前所言，《国际海上搜救公约》为沿海国提供了落实全球搜救体系的框架，但没有规定不用遵守其要求的某些船舶类型，所以《国际海上搜救公约》的签署国必须确保以其为船旗国的所有船舶都有义务救助遇险人员。⑤

根据《国际海上搜救公约》的规定，沿海国可以接受遇险人员的

---

① Guidelines on the Treatment of Persons Rescued at Sea (2004), paragraph 5.1.
② 《联合国海洋法公约》第29条规定："军舰"是指属于一国武装部队、具备辨别军舰国籍的外部标志、由该国政府正式委任并名列相应的现役名册或类似名册的军官指挥和配备有服从正规武装部队纪律的船员的船舶。
③ 1974年《国际海上人命安全公约》第一章第三条"例外"规定："除另有明文规定外，本规则不适用于下列船舶：（一）军用舰艇和运兵船。（二）总吨位小于500总吨的货船。（三）非机动船。（四）制造简陋的木船。（五）非营业的游艇。（六）渔船。"1989年《国际救助公约》第四条规定："（一）在不影响第5条规定的情况下，除一国另有规定外，本公约不适用于军舰或国家所有或经营的、根据公认的国际法准则在发生救助作业时享有主权豁免的其它非商业性船舶。（二）如一缔约国决定其军舰或本条第1款所述的其他船舶适用本公约，它应将此事通知秘书长，并说明此种适用的条款和条件。"
④ 比如1990年《美海军条例》第0925条规定军舰指挥官应向海上遇险人员提供援助（包括人员、船舶、飞机）；1992年《美海岸警卫队条例》也有类似规定。
⑤ 《国际海上搜救公约》（1979年）附件适用于所有签署国。签署国有义务确保本国船舶遵守公约义务，在海上提供援助。参见第2.1.10段。

通告，担负搜救协调人的角色，并让本区域援助协调中心联系事故附近军舰提供援助。如果军舰适合且能够提供援助，其指挥官应响应搜救协调人的要求。如果是军舰指挥官意识到有人遇险，他应联系舰船所处搜救区域的沿海国，并提供关于事故的信息。沿海国应担负起搜救协调人的角色，与军舰指挥官协作，包括安置登舰后的幸存者等事宜。

在军舰能够提供及时救助但由于行动要求不便这么做时，军舰指挥官是否能够决定不向遇险人员提供援助呢？在某种特殊情况下，谁可以决定军舰指挥官不用担负援助遇险人员的义务？尽管认为这种情况比较棘手，但总体答案是否定的。比如说，根据美国海军和海岸警卫队的规定，在有能力的情况下，指挥官总有义务救助海上遇险人员。[①] 根据1974年《国际海上人命安全公约》《国际救助公约》和《联合国海洋法公约》中的历史性和普遍性原则，军舰指挥官向遇险人员提供援助同样构成习惯国际法。

2. 沿海国

根据《国际海上搜救公约》，一国有责任落实全球搜救体系。[②] 为了履行这项要求，沿海国应建立国家搜救体系，在接收到人员遇险通知后，有效协调搜救行动，提供必要援助。[③] 如果在某个搜救行动中，最有效便捷的资源是一艘商船（或其他最适合提供援助的船舶），搜救协调人应调度这艘船只提供救援。

在船长履行救助遇险人员的义务时，他的预期是沿海国将履行协调幸存者离船事宜的责任，将幸存者安置到安全地点，把对船舶

---

① 幸存者离船可分为以下步骤：一、在海上，军舰将幸存者转移到另一船只上，以便自己继续执行任务；二、搜救协调人与军舰将要访问港口所在的沿海国协调离舰事宜；或三、其他任何能解除军舰照顾幸存者的义务的方式。正如之前所言，搜救协调人应尽量减少对军舰造成的影响。(《国际海上搜救公约》1979 第3.1.9 段)

② The annex to the SAR Convention (1979) (paragraph 2.1.1) states: "Parties shall, as they are able to do so individually or in co-operation with other States and, as appropriate, with the Organization, participate in the development of search and rescue services to ensure that assistance is rendered to any person in distress at sea."

③ 另外，不论遇险人员是谁，沿海国必须协调搜救行动。《国际搜救公约》(1979 年) 附件第2.1.10 段明确规定了这一点。

的影响降至最低。比如,搜救协调人应尽量减少船舶由于救援行动而造成对其计划航线的偏离。有时某一艘船舶是唯一可用的搜救资源,但是应尽一切可能减少商船偏离既定航线的情况发生。如果要一艘商船前往其计划之外的港口转移救助的幸存者,搜救协调人应重新考虑这种安排是否合适,因为这种安排可能对该船、船运公司和部门造成巨大的后勤和财务损失,所以应尽量避免(更合适的做法是让该船与搜救区域相关部门在海上会晤,转移幸存者,以便将其转移到安全地点)。这些搜救情况也许对搜救协调部门来说是一种挑战,因为可能还需要与另一个沿海国协调幸存者的离船和安置事宜,但是这么做有利于全球搜救体系的运行,因为船长知道,在救助遇险人员时,搜救协调人将尽可能避免改变船舶的原定航线。①

船长和沿海国之间的关系对全球搜救体系的有效性至关重要。船长有义务援助遇险人员,沿海国有义务有效和迅速协调搜救行动,以支持船长的行动。如果没有这种良好的合作关系,船长则会缺乏提供援助的动力,因为援助遇险船舶必然会影响本船按时到达下一港口。沿海国对海上实施救援船舶的支持是全球搜救体系的重要组成部分,这也体现在《国际海上搜救公约》中②:"各方应相互协作、相互合作,以确保船长在将海上遇险人员接上船后,能尽快从照顾遇险人员的义务中解脱出来,从而尽量减少船舶偏离计划航线

---

① Guidelines on the Treatment of Persons Rescued at Sea (2004) provide the priorities for rendering assistance to persons rescued at sea. Paragraph 3.1 states in part: "When ships assist persons in distress at sea, co-ordination will be needed among all concerned to ensure that all of the following priorities are met in a manner that takes due account of border control, sovereignty and security concerns consistent with international law: 1) Lifesaving: all persons in distress at sea should be assisted without delay; 2) Preservation of the integrity and effectiveness of SAR services: Prompt assistance provided by ships at sea is an essential element of global SAR service; therefore it must remain a top priority for shipmasters, shipping companies and flag States; and 3) Relieving masters of obligations after assisting persons: Flag and coastal States should have effective arrangements in place for timely assistance to shipmasters in relieving them of persons recovered by ships at sea".

② 《国际海上搜救公约》(1979年)的各方同意在多数情况下履行援救义务。但海员的援助义务持续存在。如果出现了某方没有按照公约规定提供及时有效援助的情况,船长还是负有援助遇险人员的义务。

的情况发生,当然这么做的前提是不对海上人员生命安全造成影响。负责相关搜救区域的一方应负有确保协调与合作开展救援的首要责任,保证幸存者离开提供援助的船舶并转移到安全地点。在这些情况下,相关方应尽快合理安排人员离船。"①

正如之前所述,在全球搜救体系中,"安全地点"不论对船长还是沿海国而言都是一个重要概念。《国际航空和海上搜寻救助手册》第一卷把"安全地点"描绘为:"救援行动终止的地点;在这个地点,幸存者的生命安全不再受威胁,基本需求(如食物、住处和医疗需求)能够被满足;幸存者从这个地点前往下一个或终点处的交通工具得到安排。安全地点可以是在陆上或船上的救助单位,或其它合适的海上船舶或设施,幸存者可以安全停留在这个地点,直至到达目的地。"②

船长和沿海国负责搜救任务的搜救协调人应协商确定安全地点。其首要任务是减少施救船舶损失。③ 安全地点不一定是对幸存者最有利的地点,但是必须达到定义中关于安全地点的全部标准。搜救协调人对确定安全地点负有首要责任,并与施救船共同协作。④

另外,沿海国搜救协调人在协调搜救行动时,务必根据《国际海上搜救公约》,仅将施救船舶视作搜救设施,而非搜救单位,不能

---

① Annex to the SAR Convention (1979), paragraph 3.1.9.
② IAMSR manual (2013), vol. 1, p. xiii.
③ 安全地点可以是施救船的下一个访问港口。《国际海上搜救公约》(1979年)的目标是尽量减少施救船造成的损失。但是即便是补给充足的救生筏也不能被视作安全地点。根据1974年《国际海上人命安全公约》规定,救生筏只能被视作救助生命的设施,不能达到安全地点的要求。1974年《国际海上人命安全公约》第三章第三条把救生船或救生筏解释为救生筏艇,能够在人员遇险弃船时维持生命。位于救生筏内的人员仍然被视作遇险人员,直至获得适当的救助以及转移至安全地点。
④ 1965年《便利国际海上运输公约》规定各国必须协调海上被救助人员的离船事宜。第七部分C(紧急援助)确认了这项重要要求,标准7.8规定了相关部门应便利以下类型船舶的出入港:"……救助海上遇险人员并试图为其提供安全地点的船舶。"另外,标准7.9声明:"有关部门应尽可能为标准7.8中描述的情况提供人员、货物、材料和设备的出入境提供便利。"本公约生效时间:1967年3月5日;2017年缔约国数目为115。

·海上军事行动法部分重要行动样式研究·

因为幸存者不在危险中,就把施救船舶视为安全地点。①搜救单位拥有开展搜救行动的设备和受过训练的人员,而临时提供救援的船舶可能没有能够满足照顾大量幸存者所需的资源,可能达不到安全地点的标准。② 当一艘船舶临时对外提供援助时,沿海国在协调离船事宜时,应考虑到被救人员数目、船舶到达下一港口的预计时间、幸存者的情况和其他关键因素。③ 一般情况下,搜救协调者可以与另一个沿海国协调,④ 安排被救人员在下一个访问港口上岸,以减少对施救船造成的影响。⑤

如果沿海国和船长都没能履行相关的国际法义务,全球搜救体系就将失效。如果船长由于担心可能造成时间延误或后勤问题而忽视遇险人员,或沿海国没有履行在本国海上搜救区域内协调搜救行动的职责,以及帮助被救助人员上岸,那么全球搜救体系就将受到威胁,全世界大洋上的遇险人员生命就将处于危险中。船长和沿海国都有救助海上生命的责任。

---

① 《国际海上搜救公约》(1979年)附件第1.3.7段对"搜救设施"的定义为:"任何可用于搜救行动的移动资源,包括指定的搜救单位";相比之下,1.3.8段把搜救单位定义为:"由受过培训的人员组成并配有适于迅速执行搜救行动的设备的单位"。

② 《海上获救人员待遇准则》(2004年)第6.13段。

③ 《海上获救人员待遇准则》(2004年)第6.15段进一步说明了协调被救人员离船时需要考虑的因素,包括施救船上的情况、现场条件、医疗需求、交通和其他救援单位等情况。每个具体情况都不同,所以安全地点的选择需要考虑各种重要因素。

④ 在2014年11月10~11日,美国海岸警卫队参与了在瑞士日内瓦举办的年度"保护挑战对话",主题是"海上保护"。这次会议由联合国难民事务高级专员发起,聚焦讨论海上混合移民问题。在会议上,国际航运协会(ICS)代表提出了很好的观点:"必须由船长决定是否要偏离既定航线,转移至最近的港口,或是继续航行至下一个访问港口。"沿海国需要理解和支持船长的决定,因为船长会考虑到重要的现场因素,以及其他后勤和风险因素。"最近港口"或许对船长而言不具有可行性。沿海国需要尊重船长的决定,对被救人员上岸做出相应协调。"Shipping Industry Calls on Governments to Address Migrants at Sea Crisis," *International Chamber of Shipping*, www.ics-shipping.org/.

⑤ 在2015年,国际海事组织、联合国难民事务高级专员和国际航运协会共同发表了《海上救援指导》(2015年)。在讨论到政府和援助协调中心与商船协作为遇险者提供援助行动时,《海上救援指导》指出:"政府必须与施救船协作和合作,帮助被救人员上岸,以最大限度减轻救援行动对施救船原计划航线的影响,在最短时间内将施救船从救援任务中解脱出来。"并且提出(p.12):"在遇险人员被救的搜救区域,负责该区域的相关政府主要负责提供安全场所,或确保提供这样一个安全场所。"

### (四) 海上混合移民

海上混合移民是困扰世界诸多地区的一个难题。[①] 不幸的是，每年都有成千甚至上万人由于超载船只翻船而失去生命；还有很多人在不适合大洋航行的超载船只里，由于极度恶劣和危险的生存条件而丧生。人们出于多种原因而选择海上移民，其中包括迫切追求更好的生活（如果不是生存）。地区问题和挑战也是造成大规模移民的原因。仅"遇险人员"的数目就已超出全球搜救体系的能力范围。大量商船以及其他船舶、沿海国的资源被分派至援助任务中。很多情况下，被救人员要待在施救船上几天，由于设备或人力不足，援助几十个人员都很困难，更不用说几百人。

2015年3月，在英国伦敦伯特路堤国际海事组织总部召开了解决危险海上移民问题的会议。[②] 与会者包括国际海事组织成员国代表、政府间组织代表、非政府组织代表、国际海事组织高级代表、联合国难民事务高级专员、国际移民组织（IOM），以及其他联合国机构代表。会上讨论了海上混合移民的挑战。国际海事组织秘书长关水浩二在其开幕词中简要谈及了该问题："包括非正规移民在内的海上混合移民问题几十年来都受到高度关注。但近年来，已经达到了流行病的规模，以至于应对这种移民问题的全球体系已经达到、有时甚至超越了其能力的临界点。"[③]

会上展示的一些数据突出了问题的严峻性：

---

① Kumin（2014）给"海上混合移民"做出的定义："当前的非正规移民大多是'混合'的，意思是出于不同原因移民的各种人群，以相同的路径、模式和乘坐相同船只移民。他们在没有官方授权的情况下跨越陆海边界，通常是在人口贩子的帮助下进行。国际海事组织和联合国难民事务高级专员指出，混合的人群中包含了难民、寻求避难所的人和其他有特定需求的人，比如被贩卖的人、无国籍人士，以及失去监护人或走散的儿童，以及其他非正规移民。这些人群彼此不排斥，但是人们离开家园一般只是一个原因。同样，'其他非正规移民'指受人道主义危机影响而离开家园的人群，包括气候变化等原因，尽管他们不能算难民，但也需要某种保护。"

② IMO Secretariat（2015），pp.1-2.

③ Sekimizu（2015），p.1.

▲ 2014年，超过20万人被救。据报道，由于不安全、不正规和非法海上航运，仅仅在地中海就有三千多人丧命。①

▲ 2015年3月，叙利亚危机进入第五年，引发了当代最大规模的移民危机。叙利亚难民人数已达到320万，而且这个数字还在以10万/月的速度增长。②

▲ 2015年的前6个月，有13.7万难民和移民穿过地中海。③ 与2014年同期的7.5万相比，增长了83%。④

▲ 2015年的前6个月，有超过1800名难民在海上移民过程中丧生。

▲ 2015年4月中旬，在有史以来最大的海上难民灾难中有800人丧生，海上移民失踪和死亡数字在显著增长。⑤

▲ 据报道，有几十名难民在被搜救组织救助后死于低温症，凸显了这种破旧船舶在海上航行的危险性。⑥

▲ 2015年的前3个月，仅在地中海地区，为了救助在海上不安全航行的移民，就有700多艘商船不得不偏离既定航线。⑦

由于搜救行动中复杂的人道主义性质，海上混合移民给搜救行动造成了极大挑战。许多沿海国认为每次大规模移民事件都是一次搜救事件，应根据《国际搜救公约》，通过搜救任务协调者，由援助协调中心协调搜救行动。但是，事实并非如此。⑧ 有些事件中涉及遇

---

① Sekimizu（2015），p.1.
② Boyer（2015），p.10："The scale and protracted nature of the crisis is challenging the ability of the international community to meet the continuing need for essential, life-saving humanitarian aid."
③ United Nations High Commissioner for Refugees UNHCR（2015），p.2.
④ IMO Secretariat(2015).
⑤ United Nations High Commissioner for Refugees UNHCR（2015），p.2.
⑥ IMO Secretariat(2015).
⑦ IMO Secretariat(2015).
⑧ The summary conclusions from an 8–10 November 2011 UNHCR experts meeting in Djibouti, see United Nations High Commissioner for Refugees UNHCR（2011），state（paragraph B.7）："The specific legal framework governing rescue at sea does not apply to interception operations that have no search and rescue component."

险人员，但更多只是执法或边境安全事件。[①] 另外，必须确保这些移民不是难民。[②] 应根据1951年《关于难民地位的公约》为难民提供保护。[③]

根据船舶的条件、现场天气情况、船上人员和现场搜救单位的判断，搜救任务协调人应就移民事件引发的对遇险人员的救助是适用《国际搜救公约》还是国内边境执法行动做出判断。确定大规模移民中是否有大量人员遇险对搜救任务协调人而言具有很大挑战性。当一个人宣布自己遇险或搜救单位接收到人员遇险的通知时，全球搜救系统即被激活。但在近期许多海上混合移民案件中，移民船只都宣称自己"遇险"，以便可以让"幸存者"被转移到商船或其他搜救单位，而后被运送至安全地点。

另一个困难是，当船长被要求把被救助人员送至岸上，没有专门的国际指令要求沿海国接收来自船上的幸存者。[④] 援助协调中心应协

---

[①] 考虑到遇险人员或船舶所处的危险程度不同，搜救任务协调员根据不同紧急阶段（不确定、警告或遇险）划分搜救事件（《国际航空和海上搜寻救助手册》（2013年）第二卷，3.3.1段）。尤其是《国际搜救公约》(1979)(1.3.13段)把"遇险阶段"定义为："能够合理地确认人员或船舶面对严重急迫的危险，并需要立即援助。"因为不能达到三个紧急阶段的标准，许多混合移民行动并不适用《国际搜救公约》(1979年)。

[②] 理解难民、寻求避难者和经济移民的不同十分重要。(1)《海上救助指南》(2015年) 解释了难民和寻求避难者的区别。寻求避难者指"寻求国际保护、诉求还未被最终确定的人。不是每个寻求避难者都会被认作难民。难民的地位是'宣示性'的，意思是难民身份是需要被承认的"。《指南》还指出："没有达到《难民公约》(1951) 对难民定义标准的被救助人员，如果担心受到折磨或其他严重侵犯人权的行为，或从武装冲突中逃离的人，其他国际或地区人权或难民执法机构应对其提供保护，使其不必回到（被遣返）某个特定地方。"(2) 难民与经济移民也不同。联合国难民事务高级专员在《难民》出版物中题为 The Wall behind Which Refugees Can Shelter 的文章中指出："经济移民一般是为了寻求更好的生活自愿离开本国。如果他们回到本国还可继续获得本国政府的保护。难民逃离本国是由于受到迫害威胁，不能安全回到家园。"参见 Most Frequently Asked Questions about the Refugee Convention (2001)。

[③] 1951年《关于难民地位的公约》第一款A（2）把难民定义为："基于一种可以证明成立的理由，由于种族、宗教、国籍、身为某一特定社会团体的成员、或具有某种政治见解的原因而畏惧遭受迫害并留身在其本国之外，并由于这样的畏惧而不能或不愿意受该国保护的人，或者一个无国籍的人，或国家灭亡的人，并由于上述事情留在他以前经常居住国以外而现在不能、或由于上述畏惧而不愿返回该国的人。"该公约于1954年4月22日生效；2017年签署方数目为145个。

[④] Annex to the SAR Convention (1979), paragraph 3.1.9.

调被救幸存者上岸；但某些沿海国拒绝援助船只、接收移民。而《国际搜救公约》也没有规定沿海国有义务接收商船上的移民，即便事件发生在这个沿海国的搜救区内。① 凯瑟琳·纽兰对此做出了总结："海洋法和难民法彼此交叉，使船主、船长和船员陷入两难境地。他们必须救起生命处于危险中的难民和寻求避难者，但却没有规定国家必须接收这些人。""船舶本身并不能被视作安全地点。由于船舶载有大量计划外人员，其造成的拥挤、补给不足和封闭空间的紧张关系，可能给船员和乘客带来危险。如果不能及时送被救助人员上岸，并回到计划访问港口，将使海上船舶缺乏积极参与搜救任务的动力。"②

国际海事组织可考虑制定一个国际公约，为国际社会协调此类具有挑战的混合海上移民行动提供法理基础。③

## 三、援助进入

我们可以想象以下情景：美国海岸警卫队接到通知，有一艘船

---

① 《国际搜救公约》(1979 年) 只是规定了协调和合作的义务，并没有明确规定允许人员上岸到某个港口的义务。

② Newland(2013). This was also affirmed in the report (paragraph C.10) of United Nations High Commissioner for Refugees UNHCR (2011), "Fundamentally, a core challenge in any particular rescue at sea operation involving asylum-seekers and refugees is often the timely identification of a place of safety for disembarkation, as well as necessary follow-up, including reception arrangements, access to appropriate processes and procedures, and outcomes. If a shipmaster is likely to face delay in disembarking rescued people, he/she may be less ready to come to the assistance of those in distress at sea. Addressing these challenges and developing predictable responses requires strengthened cooperation and coordination among all States and other stakeholders implicated in rescue at sea operations".

③ 《国际航空和海上搜寻救助手册》(2013 年)，第二卷，第 xviii 页，将大规模援救行动（MRO）定义为："需要对大量遇险人员做出回应的搜救服务，而缺乏通常只有搜救部门才拥有的这种能力。"问题是海上混合移民事件是否事实上涉及"遇险人员"；如果涉及大量人员，是否可以定义该事件为大规模援救行动？在很多情况下，这些事件被认为是人口非法贩卖；《联合国打击跨国有组织犯罪公约》(2004 年) 尤其是其附件二《关于预防、禁止和惩治贩运人口特别是妇女和儿童行为的补充议定书》要比《国际搜救公约》(1979 年) 更具有适用性。《联合国打击跨国有组织犯罪公约》生效时间是 2003 年 9 月 29 日；2017 年签署方达到 185 个。如果混合海上移民并不是遇险人员救助的主要构成部分，国际社会也许会考虑制定一个国际文件，作为协调此种海上行动的基础。

舶在某个沿海国领海的岩礁搁浅，船上有三人。海岸警卫队派遣一艘快艇提供援助。海岸警卫队将事件通告沿海国相关部门。海岸警卫队快艇到达事发地域附近，并位于该国领海之外，与搁浅船只建立了通信联系。船上人员表达了对船上不断恶化条件和恶劣天气的担忧，并说明该沿海国相关部门在现场，却没有提供任何援助。沿海国官方告知美国海岸警卫队无权进入该国领海开展救援行动，并提出遇险船舶应当联系当地商业打捞服务。由于现场条件不断恶化，船体倾斜60度并且正在进水，天气恶劣，现场沿海国相关部门没有提供支援，船上有名65岁的船员开始出现心脏病症状，海岸警卫队决定进入该国领海实施救援。海岸警卫队快艇救起船上三人以及他们的个人财产。

该事件凸显了国际法和各国政策给船长或飞机指挥员在他国领海开展救援行动时面临的复杂挑战。船长是否有责任在他国领海救助遇险人员？飞机是否有责任开展此类救援行动？军舰或军机在某国领海开展救援行动意味着什么？这些救援行动是否会引起沿海国对舰机意图的误解和担忧。

尽管没有专门定义，"援助进入"（Assistance entry，简称 AE）原则是在国际公约①和习惯国际法中确立的。②为了在海上任何地点执行援救遇险人员的指令，美国海岸警卫队为其舰船和飞机在某沿

---

① 比如《联合国海洋法公约》（1982年）中关于无害通过的规定，第18条："2. 通过应继续不停和迅速进行。通过包括停船和下锚在内，但以通常航行所附带发生的或由于不可抗力或遇难所必要的或为救助遇险或遭难的人员、船舶或飞机的目的为限。"
② 在1991年国际海事组织关于救援和搜救的小组委员会召开之际，美国提交了一份关于美方立场的照会："不分国籍援救遇险人员的义务是基于长期的海上传统和原则的，不论这么做是否有一定风险……因此，沿海国控制其领海内活动的权利应与援救海上遇险人员的要求相平衡"，参见1991年美国发给国际海事组织的照会。在国际海事组织法律委员会第65届会议上也讨论了美国的这份文件，并记录于委员会的报告中。当时有几个代表团同意美国的立场，委员会认为："目前没有关于援助进入的公共国际法；这项原则没有体现在任何公约中，也没有在习惯法中提及。许多代表团强调，不应破坏提供援助义务和沿海国控制他国进入其水域的主权权利之间的平衡"。在过去20年里，由于法律委员会达成的这个结论，"援助进入"的概念成为国际公约和习惯国际法理所确立的原则。

海国领海执行"援助进入"行动制定了相关政策。① 为了不违反国际公约,"援助进入"救助行动政策应尊重以下三个原则：（1）沿海国有控制和规范进入其领海的主权权利；（2）不论国籍和所处环境，向遇险人员提供迅速有效援助的人道主义需求；（3）进入某沿海国领海开展救援行动不要求寻求或接受沿海国许可。②

在制定"援助进入"政策时，搜救部门和法律顾问应考虑到七种不同的"援助进入"场景，以及各场景需要考虑的可能适用的国际法和政策。为船长和飞机指挥员应对各种情况提供法律和政策指导。当政府船只或飞机需要救援遇险人员时，宝贵时间不应浪费在寻求指导和法律咨询上。③ 在这些情况发生前，应该制定好相应的法律立场和政策。

## （一）场景 A

一艘政府船舶在公海上航行时，收到了遇险广播，需要转变航向进入某沿海国领海援助遇险人员。这艘船是否需要获得沿海国的同意后才能进入其领海并开展援助？

这种情况下，在进入沿海国领海向遇险人员提供援助前，政府船舶无需获得沿海国同意。但是船长应通知沿海国其援助意图，大致遇险地点，以及船舶要进入该国领海实施救援行动的意图。《联合国海洋法公约》《国际海上人命安全公约》和《国际救助公约》规定船长有义务在海上任何位置（包括公海和沿海国领海）

---

① 文中使用"援助进入救援行动"而非"搜救行动"。当飞机或舰船进入某沿海国领海援助遇险人员，其目的是"救"，而不是"搜"。

② United States Coast Guard Addendum to the United States Search and Rescue Supplement to the International Aeronautical and Maritime Search and Rescue Manual (2013), pp.1-45, paragraphs 1.8.1.4 and 1.8.1.5. See also Chairman of the Joint Chiefs of Staff instruction (2013), p.2. Note: the U.S. Coast Guard uses the term "assistance entry" (AE), while the U.S. Department of Defense (DoD) uses the term "right of assistance entry" (RAE) when discussing the conduct of rescue operations in a coastal state's territorial sea.

③ 1974 年《国际海上人命安全公约》不适用于军舰。1982 年《联合国海洋法公约》和 1989 年《国际救助公约》并没有限定可以在某沿海国领海实施援助进入救援行动的船舶类型。但本文重点讨论的是政府船只（包括军舰）所实施的援助进入救援行动。

援助遇险人员。①

沿海国在其领海所行使的主权并非毫无限制的。在"援助进入"的情况下，沿海国对他国船舶进入其领海开展救援行动的干预是有限的。② 同样，施救船在他国领海内的行动也受相关限制。如：（1）在政府船舶进入某沿海国领海提供援助前，必须有人员遇险情况；（2）在"援助进入"援救行动过程中，施救船可以从事何种活动也受限制，尤其是该政府船舶只能援救遇险人员。

要实施"援助进入"的船舶还需满足一些条件。比如，美国海岸警卫队曾提出，如果根据海岸警卫队的搜救单位主观判断，现场情况符合以下三个标准，该单位就可进入他国领海开展"援助进入"救援遇险人员：（1）有足够理由确信有人员遇险（不论来源如何，基于最佳的可获取信息）；（2）知道遇险位置；（3）搜救单位（或设施）有条件提供及时有效的援助。③

另外，由于对遇险人员采取及时援助行动的紧迫性，在告知沿海国施救船进入其领海目的后，"援助进入"不应被拖延。如果沿海国的援助协调中心已经在协调对遇险人员的救助，政府船舶提供及

---

① UNCLOS (1982), article 98 (1)(a), specifically states that the shipmaster has a duty to "render assistance to any person found at sea in danger of being lost". SOLAS (1974), chapter V, regulation 33 requires "the master of a ship at sea, which is in a position to be able to provide assistance, on receiving information from any source that persons are in distress at sea, … to proceed with all speed to their assistance". The Salvage Convention (1989), article 10, paragraph 1, requires "every master…, so far as he can do so without serious danger to his vessel and persons thereon, to render assistance to any person in danger of being lost at sea". 这三部公约都没有对海上区域和船只类别做出规定，美国等一些国家据此认为援助义务适用于公海和任何沿海国的领海。

② 比如，1982年《联合国海洋法公约》第二条声明："对于领海主权的行使受本公约和其他国际法规则的限制。"

③ United States Coast Guard Addendum to the United States Search and Rescue Supplement to the International Aeronautical and Maritime Search and Rescue Manual (2013), pp. 1 – 46, paragraphs 1.8.2.4.

时援助的义务仍然存在。[1]

(二) 场景 B

一艘政府船舶在公海上航行时，收到遇险广播，需要转变航向进入某沿海国领海援助遇险人员。这艘船是否可以运用其舰载直升机或小艇参与援助行动？在大洋上空飞行的军机是否同样可以转向进入某沿海国领空参与救援行动，或是必须得到沿海国的同意？在没有水面单位参与救援行动的情况下，军机是否可以进入沿海国领海？

目前没有国际法律明文禁止政府船舶使用其所载飞机或小艇援助遇险人员。美军认为船舶所载飞机或小艇应被视作船舶的延伸；[2]即便在某沿海国领海范围内发生的遇险事件中，也应充分利用所有援救生命所需的一切可用资源。[3]

除了船只使用其船载飞机参与"援助进入"救助行动，任何其他知晓遇险事件且有能力的飞机都应转向进入某沿海国领海提供援助。[4]使用飞机参加"援助进入"的标准应与水面搜救单位相同。[5]

《联合国海洋法公约》第 18、98 条都没有规定飞机是否可以在

---

[1] 《国际搜救公约》(1979 年) 没有任何限制军舰或其他船舶对遇险人员提供及时援救的意图，即使在某沿海国的领海内也是如此。《国际搜救公约》(1979) 附件 4.3 段指出："任何搜救单位在收到遇险信息后，如果有条件援助时应首先立即采取行动，并毫不迟疑地通告遇险区域内的援助协调中心或分中心。"

[2] Chairman of the Joint Chiefs of Staff instruction (2013), paragraph 4. d.

[3] 1974 年《国际海上人命安全公约》、1982 年《联合国海洋法公约》和 1989 年《国际救助公约》都没有想限制或阻止船舶使用其搜救资源（比如船载飞机或小艇）参与救援生命行动。

[4] 《参谋长联席会议主席指令》(2013 年) 第 6 段 c (2) 中称："在以下所有四个条件都满足的情况下，行动指挥官可通过派遣美国军机（包括开展援助进入行动的军用船舶所载飞机）前往他国领海或群岛水域上空，提供及时援助：1. 在外国领海或群岛水域内的遇险人员需要立即援救；2. 比较确定遇险位置；3. 美国军机可以提供及时有效援助；4. 援助的任何拖延都可能威胁生命。"

[5] United States Coast Guard Addendum to the United States Search and Rescue Supplement to the International Aeronautical and Maritime Search and Rescue Manual (2013), paragraphs 1.8.2.5.

某沿海国领海援助遇险人员。①但《国际搜救公约》考虑到了搜救行动中飞机的使用。②《国际搜救公约》的目的是执行全球搜救体系，该体系提供了开展和协调援救生命行动中搜救过程与程序的组织和标准化的国际框架。为了达到这一目的，《国际搜救公约》支持在搜救行动中使用所有可用的救援能力，包括任何沿海国领海中的救援行动。③

## （三）场景C

在某沿海国领海援助遇险船舶时，除了援助遇险人员，政府船舶是否可以"救起"财产（比如船上的个人财产、水面漂浮的财产等）。为了提供必要的援助，施救船是否可以把遇险船舶拖至安全水域？如果施救船已经救起所有遇险者，是否还可以"救起"船只和财产？④

国际公约在规定船长援助遇险人员义务时，并没有考虑在某沿海国领海开展"援助进入"救助行动中"救起"或"捡回"财产的

---

① 1982年《联合国海洋法公约》第18条第2款是关于船舶在沿海国领海的无害通过。

② 《国际搜救公约》(1979年) 附件鼓励使用所有可用手段向遇险人员提供援助。比如在关于搜寻行动的3.1.3段中规定："除有关国家之间另有协议外，一当事国的当局仅为搜寻发生海难地点和救助该海难中遇险人员的目的，希望其救助单位进入或穿过另一当事国领海或领土，须向该另一当事国的救助协调中心或该当事国指定的其它当局发出请求，并详细说明所计划的任务及其必要性。"这段规定描述了飞机出于搜寻目的进入沿海国领海，不需要获得开展"援助进入"救助行动的许可。在沿海国领海提供援助之前，应先达到飞机开展"援助进入"救助行动的标准。

③ 美国海岸警卫队对《国际航空和海上搜索和救援手册》(2013年) 在美国搜索和救援的补编对在"援助进入"救助行动中飞机和船舶的使用提出了警告："在沿海国领海范围内开展援助进入救援行动中，飞机的相关习惯和实践不如船舶的成熟（比如沿海国更容易承认船舶开展此类行动的权利）。另外，非军用船舶开展此类行动要比军用船舶能更少引起沿海国的担忧。因此，在进入沿海国的领海或领空时，应考虑到施救单位的安全。"

④ 1989年《国际救助公约》第一条（a）将"救助"定义为"可航水域或其他任何水域中援救处于危险中的船舶或任何其它财产的行为或活动"。

情况。① 应该得到援助的是遇险人员，而非财产。因此，对"援助进入"救助行动的要求不适用于救回财产，但对于"援助进入"救助行动中顺带救起财产是否恰当是存在争议的。这其中就包括救起幸存者需要的关键医疗物品、拖行能够帮助救助遇险人员的船只，以及拖行故障船舶等。

除非船长和沿海国之间另有安排，否则政府船舶在沿海国领海开展的"援助进入"救助行动中考虑救回（非顺带救起的）财产时，应当（1）完成"援助进入"救助行动；（2）离开沿海国的领海；（3）申请允许再次进入领海救回财产。这同样包括救回非法违禁物品，以指控从事走私活动的被救人员（比如毒品走私）。

(四) 场景 D

一艘政府船舶在公海上航行时，收到遇险广播，进入某沿海国领海援助遇险人员。在一段合理时间后，这艘船不能确认遇险时间、地点，那么这艘船是否可以开展搜寻，以定位遇险人员？

没有国际法律允许沿海国拒绝一艘政府船舶进入其领海开展"援助进入"救助行动，《国际搜救公约》没有规定搜寻遇险人员行动需要获得沿海国授权。如果在一段合理时间后，开展"援助进入"救助行动的船舶不能确认遇险人员地点，那么恰当的行动程序应是（1）离开沿海国领海；（2）通过遇险人员所处的搜救区域的援助协

---

① 关于这点，美国海岸警卫队和美国防部在《参谋长联席会主席指令》(2013 年) 中关于"援助进入"的规定不同。美国海岸警卫队对《国际航空和海上搜索和救援手册》(2013) 在美国搜索和救援的补编中 (1.8.2.6) 指出海岸警卫队施救设施不应在"援助进入"救助行动中"救起财产（除非是医疗供给或其他可以帮助救助生命的财产）"。与之相反，《参谋长联席会主席指令》(2013 年) 允许救财产："援助进入权利仅适用于援助遇险或危险地点确定的人员或财产"。还有一点不同：美海岸警卫队使用"援助进入"(assistance entry) 一词，而美国防部使用"援助进入权利"(right of assistance entry)。美海岸警卫队认为"援助进入"能够促进国际援助服务目标的实现。很多国家把"援助进入"仅仅视为一种责任，而非权利，甚至连受限的权利都不是。"义务"和"权利"的法律意义不同。

调中心，请求允许在沿海国搜救协调人的协调下开展搜寻行动。①

（五）场景 E

一艘政府船舶在公海航行时，收到在某沿海国领海内一艘船舶的遇险广播。船长改变航向以提供援助，并通知其指挥机构。指挥机构协调通告了该沿海国，这艘船正在进入其领海以对遇险船只提供援助。沿海国通知指挥机构称自己的搜救设施正在前往援助途中，并建议不需要该船只的援助。这时船长应该怎么做？该船的指挥机构该怎么做？

政府船舶开展"援助进入"救助行动的义务并不会因沿海国通告已派遣搜救设施或单位救助遇险人员而解除。如果根据船长判断，沿海国的援助不充足或不及时，险情仍然存在，那么不论沿海国的说法或意图如何，船长的救援义务还需继续。这取决于在现场的船长的决定，船长有义务提供援助。②但是，如果沿海国的搜救单位能够到达现场并开展救助，船长的援助义务就此解除。

（六）场景 F

政府船舶在过境通行国际海峡时，是否与在沿海国领海内提供援助有相同要求？③

---

① 《国际搜救公约》(1979 年) 附件（3.1.2 段）规定："除有关国家之间另有协议外，当事国在其适用的本国法律、法规和规章的约束下，应批准其它当事国的救助单位，仅为搜寻发生海难地点和救助该海难中遇险人员的目的，立即进入或越过其领海或领土。"(3.1.3 段）规定："除有关国家之间另有协议外，一当事国的当局仅为搜寻发生海难地点和救助该海难中遇险人员的目的，希望其救助单位进入或越过另一当事国领海或领土，须向该另一当事国的救助协调中心或该当事国指定的其它当局发出请求，并详细说明所计划的任务及其必要性。"除了美国海岸警卫队的政策没有授权"援助进入"救助行动救回财产或搜寻遇难人员，美国海岸警卫队对《国际航空和海上搜索和救援手册》(2013 年）在美国搜索和救援的补编中（1.8.2.6）规定，在"援助进入"救助行动中，(1) 不能援助非遇险人员，或（2）不应在沿海国领海内水或陆上进行。

② 1974年《国际海上人命安全公约》第五章第33条要求，如果海上航行船舶能够援助遇险人员，其船长则应当提供援助。从中可以看出，确定人员是否遇险取决于船长。但必须承认这并非支持船长不顾沿海国反对或拒绝，开展"救援进入"的充分依据。

③ UNCLOS (1982), part III (Straits Used for International Navigation).

船长援助遇险人员的义务适用所有海域，包括领海、适用国际航行的海峡、群岛水域、专属经济区，或是公海。①

## （七）场景 G

一艘在公海航行的政府船舶，收到在某沿海国领海内航行船舶受到武装抢劫的遇险广播。该政府船舶转变航行以提供援助。这种情况是否被视作"援助进入"救助行动呢？

这种情况不应被视为"援助进入"救助行动。《联合国海洋法公约》第 98 条、《国际海上人命安全公约》（第五章第 33 条），以及《国际救助公约》都不适用于这种情况。另外，如果该事件不被视作救援行动，那么《国际搜救公约》也不能适用于此。② 关键是被袭击船舶是否应被视作"遇险"。目前，不论在《国际搜救公约》或其他国际公约中，都没有关于"遇险"的正式定义。③ 这就给个人决定是否要宣布遇险和寻求援助提供了极大的空间。但受到袭击的船舶不应被视为遇险，不应在《国际搜救公约》的协调下获得回应，而视其为执法或军事行动更为恰当。④

但这不意味着沿海国的援助协调中心不能协调支援为遇袭船舶

---

① Nordquist（2012），vol. 3，Articles 86 to 132，p. 177.

② 关于不在全球搜救体系中协调和进行的执法行动，《国际搜救公约》（1979 年）附件没有明确规定；《国际航空和海上搜寻救助手册》（2013 年）第二卷对"非搜救行动"中的援助提供了一定指导。《美国参谋长联席会主席指令》4. c 段对"搜救事件"做出定义，认为"援助进入权利"是由美国军舰执行，以履行国际习惯法中海员不分国籍或地点援救海上遇险人员、船舶或飞机的义务。《美国参谋长联席会主席指令》把海上危险情况定义为："由于暴风雨、海浪和大风，搁浅、火、烟和有毒染料，洪水、沉船和翻船，失去动力或航向以及其它海上危险所造成的仅限于海上活动的事故与危险。"该定义清楚地描述了美军舰船应该何时开展"援助进入"救助行动，《国际搜救公约》（1979 年）何时可以适用，以及何时保证启动全球搜救体系。

③ 《国际搜救公约》（1979 年）附件（1.3.13）中对"遇险阶段"做出定义。沿海国的搜救协调人考虑特定的搜救行动的情形，决定是否适用该定义。如果某人称自己遇险，搜救协调人一般都会启动沿海国的遇险阶段程序，以提供必要援助。

④ 1982 年《联合国海洋法公约》第 18、39、98、109 条中使用的"遇险"一词，指由于恶劣天气、飞机和船舶的故障或人为事故（如撞机或撞船）引发的严重事故，急切需要援助。这种需求必须是急迫的，并且应当由经验丰富的海员或飞机指挥员根据船舶或飞机情况、或为了其乘客安全所确定。

提供援助的执法部门或军事力量。这种行动的协调和开展需通过沿海国的国家政策和程序来执行。另外，如果在回应过程中有人受伤，行动中就包括受伤人员的医疗运送，而这可被视为搜救行动。

2011年，北约在亚丁湾和印度洋开展的反海盗行动中，一艘美国军舰与一艘名为"日春财68号"（JCT 68）的渔船发生交火。这艘来自中国台湾的渔船在一年前被海盗劫持，而后被海盗用作其活动的母船。船上有海盗和三名人质，包括原来的船长吴来于和两名中国船员。在交火过程中，美军舰开火截停了该船。在海盗投降后，军舰上的成员登上了"日春财68号"。三名海盗和吴来于在军舰开火过程中死亡。其余海盗和两名中国船员被转移出渔船。第二天，在北约任务部队指挥员的命令下，"日春财68号"被击沉，吴的尸体还在船上。

为此，吴来于的遗孀在马里兰区法院起诉美国，要求对其丈夫的死和"日春财68号"的损失负责。法院驳回了该诉讼请求，理由是该诉求不应由法院审理。吴来于的遗孀向美国联邦第四巡回上诉法院提起上诉；上诉法院维持区法院的决定。对于确认受袭击船舶是否"遇险"，对其所作所为是否适用《国际搜救公约》，上诉法院做出如下判断："原告把美国军舰'格罗夫斯号'（Groves）与'日春财68号'的接触行为错误归类为类似美国海岸警卫队的援救行动……'格罗夫斯号'行动的焦点是阻止海盗的掠夺，以及占领海盗抢来的母船。击沉'日春财68号'是军事指挥官出于未来海上安全考虑所做的决定。由于'日春财68号'是在北约直接命令下击沉的，地区法院正确认识到了这一点，所以无法审批原告关于确定击沉渔船是疏忽或非法的诉求。"[1]

在2015年美国联邦第四巡回上诉法院的法律判决中，确认了受袭击船舶不能被视作"遇险"。该案件凸显了区分反海盗、执法、军事行动和搜救行动的重要性。法庭判决为执法部门、军队和搜救部门提供了重要的区分依据。在某些沿海国，用于反海盗、执法和军事行动的协调方式、政策、过程、程序和资源很可能与用于搜救行

---

[1] Case Wu Tien Li-Shou v. United States of America(2015).

动的不尽相同。①

根据《国际搜救公约》开展搜救行动时，这种区分尤为重要。一些沿海国可能仅为开展搜救行动而非执法或军事行为训练和装备搜救单位。另外，搜救部门可能依靠志愿者搜救组织，或船舶附近的慈善机构的援助开展某次特定的搜救行动。全球搜救体系从来没有预期支持其他类型的行动。②

总之，开展"援助进入"救助行动的船舶或飞机必须通知沿海国其行动的预定航线。由于遇险情况的紧急性，船长无需向沿海国申请批准，就可以开展救助生命的活动。甚至即便沿海国通知该船或飞机其已经派出搜救单位，如果船长或飞机指挥员认为沿海国搜救单位不能及时到达，则该船或飞机的援助任务还不能解除，船长或飞机指挥员必须继续救助行动。③《国际搜救公约》没有任何限制可以援助遇险人员的船机的意图。但是恰当的做法是，船长与沿海国的援助协调中心的搜救协调者协调开展"援助进入"救助行动。船长或飞机指挥员在与沿海国沟通时，务必确保沿海国不对船机"援助进入"救助行动意图产生误解。

## 四、搜救行动中的强制撤离

2011年，美国海岸警卫队得到通知，一艘载有一人、在美国注

---

① Case Wu Tien Li-Shou v. United States of America(2015).
② 《国际航空和海上搜寻救助手册》(2013年)第二卷，同样认识到这项重要区别。在7.4.2段中规定："在船舶受到海盗或武装抢劫，船舶和船员处于严重和紧迫的危险时，船长可以授权发出遇难广播信号，发出恰当的遇险警告（MAYDAY, DSC, etc.），使用一切可以用上的短波通信系统。同样，根据1974年《国际海上人命安全公约》，船舶应携带船舶遇险报警系统（SSAS），以在船舶遭遇暴力行为时（比如海盗、武装抢劫等），可以向岸上发送隐蔽信号……"各国的程序可能彼此不同，但如果涉及援助协调中心，一般就是接收船舶遇险报警系统发出的警报，并通知将负责做出回应的安全部门。在收到船舶遇险报警系统发出的隐蔽信号后，援助协调中心采取的行动包括："让搜救力量处于待命状态，因为事件很可能演变为搜救事件"。
③ 当然这只是美国等国的规定。

册的 24 英尺长的帆船可能遇险。报告来源人在晚上接到了这名人员的语音信息："紧急情况！紧急情况！"而后便没有其他信息了。根据最后接收的报告将帆船定位在美国以南 70 里、离岸 30 里的位置。海岸警卫队承担了搜救行动的协调者责任，派遣了海岸警卫队飞机和快艇提供援助。

飞机定位了帆船的位置，能够看到船上移动的人，但却无法通过短波呼叫该人员。海岸警卫队快艇到达现场，派遣一队人员上帆船评估情况。鉴于帆船的损坏程度，登船人员建议船上那名人员为自身安全撤离该船，但被其拒绝。但海岸警卫队快艇和登船人员意识到，鉴于帆船的条件，这名人员的生命处于危险之中。在请示了海岸警卫队搜救指挥链后，海岸警卫队快艇决定由登船小组强制带这名人员离开帆船。快艇认为帆船的损坏程度严重，已经不可救回；在做上标记后，帆船被丢弃在海上。被救人员被转移到海岸警卫队快艇上，回到了美国。①

这就是强制撤离行动中的一个典型案例。还好这种情况发生的几率不高。一般情况下，在搜救人员处于生命安全考虑的建议下，被援助的遇险人员是愿意弃船离去的。②

关于在生命受到威胁的情况下，使用强制力迫使某人弃船的情况，国际公约并没有特别规定。这里简要讨论的目的是让沿海国和搜救部门考虑到，国家和部门的搜救政策是否被搜救指挥链的各个层级所充分理解。但从以上的案例可以看出，这种情况在搜救过程中确有发生。

搜救部门应该考虑以下几个问题：

如果搜救协调人接到有遇险船舶的通知，派遣搜救单位前往援助。但遇险船舶的船长拒绝离船，尽管现场搜救单位判断如果船长不离船将面临生命危险，这种情况应该怎么办？

如果一艘商船改变航向以提供援助，但遇险船舶的船长拒绝弃船，

---

① 文章作者对该事件的真实性负责。
② 这部分论证是基于《国际搜救公约》(1979 年) 协调和开展的搜救事件，一般不适用于海上混合移民（一般不构成搜救事件）。海上混合移民行动的独特性质需要建立独特的过程和程序，以满足此类行动的要求。

这种情况又该怎么办？商船的船员一般是没有接受过使用武力的训练，他们仅有履行救助生命的义务。搜救协调人应该给船长什么建议？

如果遇险船舶的船员或乘客希望离船，但船长却不允许，这种情况该怎么办？现场的搜救单位或设施应怎么做？是否应使用强制力使乘客和船员离开遇险船舶？

如果有必要，是否应使用武力强迫遇险人员离船？搜救单位是否受过使用武力的训练重要吗？应运用何种类型的、何种程度的武力？

在危及生命的情况下，强迫某人离开其船舶的法律含义是什么？

如果被强制撤离的人员在另一船旗国的船舶上呢？[①] 这种情况下使用武力会变得更加复杂吗？

这些都是在富有挑战、威胁生命的情况中可能遇到的难题，搜救部门必须在此类情况发生前回答这些问题。强制某人弃船可能给现场搜救人员造成困境，可能导致争议、财产损失和起诉等。

在美国，仅有一件主要涉及搜救单位强制遇险人员离船的案件。在泰晤士造船和修理公司诉美国案中，美国注册渔船"北部旅行者"的船主和承保人称，废船沉没的部分原因是美国海岸警卫队强迫船长弃船。[②]

1997年11月，144英尺长的"北部旅行者"在美国东北海岸丢了右舷船舵，操舵室严重进水，工程舱也面临着进水危险。"北部旅行者"船长向美国海岸警卫队报告现场情况，警卫队即承担起搜救协调人的职责，并派遣两个搜救单位提供水泵以及遇险船舶所需的援助。尽管船员想阻止船体进水，但渔船的右舷倾斜，很可能在没有预兆的情况下翻船和沉没，危及船员和船上的海岸警卫队人员的安全。现场搜救单位与援助协调中心的搜救协调人联系，协调应对举措，最终决定唯一可行的办

---

[①] 1986年《联合国船舶登记条件公约》第二条把船旗国定义为："船舶悬挂其国旗并有权悬挂其国旗的国家"。第一条指出船旗国必须"在船舶所有人和经营人身份的识别和承担责任方面，以及在行政、技术、经济和社会事务方面对这些船舶有效地行使管辖和控制"。另外，《联合国海洋法公约》(1982年) 第91条规定："1. 每个国家应确定对船舶给予国籍。船舶在其领土内登记及船舶悬挂该国旗帜的权利的条件。船舶具有其有权悬挂的旗帜所属国家的国籍。国家和船舶之间必须有真正联系。2. 每个国家应向其给予悬挂该国旗帜权利的船舶颁发给予该权利的文件。"

[②] Case Thames Shipyard and Repair Company v. United States(2003).

法就是在船沉没以前撤离余下船员。当"北部旅行者"上的海岸警卫队人员告知船长应当弃船时,船长拒绝离开。海岸警卫队人员告知船长,如果他不合作,就将被强制撤离,必要时还会使用武力。因此,其余船员、船长和海岸警卫队人员撤离了该船。不久,该渔船沉没。

  区法院和上诉法院都认为,美国法律保护海岸警卫队的决定,即出于保护生命需要,强制撤离船长。[1] 美国最高法院也拒绝重审该案。[2]

  考虑到强制撤离人员离船可能面临的行动上和法律上的困难,即便是在威胁生命的情况下,美国海岸警卫队也为搜救单位和海岸警卫队搜救指挥链提供了相关的指导方针。海岸警卫队的政策规定,如果时间允许,现场搜救单位应与搜救协调者协商,但在以下情况

---

[1] In particular, both the district court and the court of appeals held that the discretionary function exception to liability under 46 USC § 742 (the Suits in Admiralty Act, which allows for a limited waiver of the U.S. federal government's sovereign immunity from civil lawsuits) and 46 USC § 781 (the Public Vessels Act, which allows for legal action against the United States for damages caused by a public vessel) protected from further judicial review the Coast Guard's decision to evacuate the master forcibly from Northern Voyager.

[2] The court of appeals brief included the following comment: "The facts of this case lead us to conclude that the Coast Guard reacted rationally, and that human life could reasonably have been deemed to be at serious risk had Captain Haggerty and his crew not been removed. The Northern Voyager, without steering, was rolling in 6 – 8 foot ocean seas. Water was pouring in. She was developing an increasing port-side list. The fishing boat's only access port was on the starboard side. The Coast Guardsmen on the vessel reported progressive flooding, raising the possibility that the ship would capsize, trapping all on board. While arguments can perhaps be made in light of 20 – 20 hindsight tending to minimize the potential dangers had the master and his fellows been allowed to remain, we see no basis to doubt the objective reasonableness of the Coast Guard's on the scene decision to remove them." However, Judge Torruella on the Court of Appeals concurred in part in and dissented in part from the majority's recognition of the Coast Guard's authority to compel the master forcibly to abandonhis ship, thus preventing him from continuing efforts to save it. He wrote: "With due respect, there is no authority in law, practice, or maritime tradition that validates such action by the Coast Guard, nor am I aware of the government's having claimed such extraordinary powers before the inception of thecase." He concluded that the discretionary function exception did not shield the United States from liability, because a decision can not be shielded from liability if the decision maker is acting without actual authority. In the judge's view, "Such a momentous shift in policy and such an extraordinary grant of authority should not be undertaken absent a clear legislative mandate expressed both in the text of the statute and in its legislative history." For those interested in this issue, this case is well worth reading.

中，搜救单位可以强制撤离人员离船：（1）搜救单位判断情况确实危及生命；（2）被弃的船事实上需要立即援助。① 如果时间进一步允许，应由搜救指挥链的最权威的行动和法律层级做出强制撤离的决定。②

总之，搜救部门应考虑当前的搜救政策和程序是否能为富有挑战的强制撤离行动提供足够的指导；如果没有，他们应进一步考虑制定和完善其搜救指挥链的相关政策和程序。

## 结　论

全球搜救体系并不完善，还需不断改进，但它确实为海上遇险人员提供了求救和获得回应的途径。只要人类还在大洋上航行，就有获得援救服务的需求。

国际公约为沿海国执行国家搜救任务提供了法律基础。沿海国应建立搜救程序，为海上船舶、飞机和人员提供援救服务。在各大洋航行的船舶是全球搜救体系的重要贡献者，且一般愿意提供救援。当船舶在搜救行动中提供援助时，搜救协调人必须与船长合作协调，将被救助人员送至安全地点，以减少对船长的影响。

本章讨论了在沿海国领海的"援助进入"救助行动以及可能遇到的不同情况。尽管"援助进入"救助行动不经常发生，但搜救部门还是应当为国家以及特定部门制定相关政策，为可能需要参加此类行动的船机提供依据，确保其指挥官理解这些政策。

最后，本章讨论了在搜救单位认为必须弃船才能保证生命安全，但被救人员却拒绝弃船的困难情况。尽管搜救部门较少遇到这种情况，也应制定相关政策和指导方针。

---

① 美国海岸警卫队搜救政策规定，人员的自愿撤离是优先被考虑的选项，强制撤离是备用选项。可以考虑使用劝说、鼓励等手段实现自愿撤离。只有在情况确实危及生命时才能使用强制撤离。

② 还应注意到，根据美国法律，拒绝美国海岸警卫队强制撤离要求的个人并没有违法，这又加大了强制撤离的难度。

# 第五章

# 打击人口偷渡和贩运行动

## ——以欧盟地中海"索菲亚行动"为例

2015年，涌入欧洲的非正常移民急剧增加，其中一条主要线路是从利比亚穿过地中海的中南部地区到达意大利南部。在发生了2015年4月数百人的溺水事件后，欧盟采取了"十点行动计划"紧急措施来应对地中海地区的危机形势。这其中的一项行动是采取系统性行动扣押和销毁偷渡蛇头操控的船只，即于2015年5月启动的欧盟军事行动——欧盟地中海海军"索菲亚行动"（EU-NAVFOR MED operation SOPHIA，以下简称"索菲亚行动"）。根据欧盟授权，该行动将有助于瓦解地中海中南部地区人口偷渡和贩运网络的商业模式。随着海上移民的增加，联合国安理会授权联合国会员国和区域组织进行必要的军事行动来打击移民偷渡和贩运人口行为。

本章从法律角度讨论欧盟的军事活动。研究的重点是欧盟和联合国安理会第2240（2015）号决议在公海行动的授权。特别关注点将放在该行动面临的五个具体问题：船旗国同意，海上人员救助，获救和被捕人员的上岸登陆，个人数据的采集、存储和传送，武力的使用。可以得出结论的是，欧盟通过在"索菲亚行动"中将区域组织的机制引进国家活动层面的法律框架中，开启了公共国际法应用和发展的新篇章。

2015年4月，欧盟面临着最为严重的边境灾难性事件之一——数百名难民在意大利位于西西里岛与突尼斯之间的兰佩杜萨岛海岸附近溺亡。这些事件促发了前所未有的政治反应——成员国决定采取军事手段解决人口偷渡与贩运问题，这在欧盟的共同安全与防卫政策史上尚属首次。这不是一次孤立的行动，而是欧盟委员会提出的针对移民问题"十点行动计划"的一部分。对此事态的发展，国际社会也没有袖手旁观。联合国安理会在经过一段时间的紧张磋商后，通过一项决议，授权对人口偷渡与贩运的犯罪商业模式采取必要的军事措施。①

从所谓的地中海中部路线流入欧洲的非正常移民主要来自利比亚西部沿海的黎波利塔尼亚地区，该地是当地人口走私与贩运组织的主要据点。②除了欧盟"索菲亚行动"外，欧盟、其他国家和国际组织采取的其他行动都将关注点聚焦于地中海中南部地区。这些活动包括欧盟外部边境管理局（Frontex）负责协调的"海王星行动"（operation TRITON）③、欧盟驻利比亚综合边境管理援助团行动（EUBAM Libya）④、双边培训项目、联合国利比亚支助团行动（UNSMIL）⑤及非政府组织活动等等。

## 一、欧盟对"索菲亚行动"的授权

2015年5月18日，欧盟理事会决定启动欧盟在地中海中南部地区的军事行动，在意大利罗马建立行动总部（OHQ），并为该行动命名。⑥行动总部的准备工作首先是制定指导武力使用的作战计划和交战规则。6月22日，欧盟理事会批准了这两份基本军事文件，决定启动该行动，相关的军事行动也陆续展开。⑦

---

① 联合国安理会决议 2240（2015）。
② 国际移民组织报告（2015）。
③ 该边界安全行动由意大利负责，欧盟外部边境管理局根据理事会条例（EC）2007/2004 而建立。
④ 欧盟驻利比亚综合边境管理援助团于2013年5月22日建立，旨在支持利比亚政府改善和加强该国的边界安全。
⑤ 联合国利比亚支助团是联合国于2011年9月16日根据安理会2009（2011）号决议建立的特派团。
⑥ 欧盟授权（2015）。行动的名称后来以一个婴儿的名字命名改作"欧盟地中海海军索菲亚行动"（EUNAVFOR MED operation SOPHIA）。2015年8月22日，一名女性在该行动中被一艘德国船只在利比亚海上救起并生下该婴儿。
⑦ 启动欧盟在地中海中南部地区军事行动的理事会决定972（2015）。

该行动根据欧盟授权分三个阶段实施。根据第2条和第6条，各阶段之间的过渡取决于欧盟理事会的评估及政治与安全委员会（PSC）的决定。行动的第一阶段着重收集仅限于公海行动区（AOO）的信息和情报。2015年10月3日，理事会决定于2015年10月7日根据欧盟授权第2（2）(B)(i)条进入行动第二阶段的第一个分阶段，由此迈出瓦解犯罪商业模式的第二步。在该分阶段，欧盟海军根据国际法"在公海对涉嫌用于走私或贩运人口的船只进行登船、搜查、扣押和转移"。该分阶段行动仅限于公海。[1]

欧盟授权包含第二个分阶段，该阶段计划根据任何适用的联合国安理会决议或相关沿海国家的同意，在公海或相关国家的领海和内水中实施上述活动。在第三阶段，该行动根据"任何适用的联合国安理会决议或相关沿海国家的同意，在相关国家的领土内，在符合决议规定和该国同意的条件下，对涉嫌用于走私或贩运人口的船只及相关资产采取一切必要措施，包括处置或使其无法运行等措施"。如上所述，地中海中部地区人口偷渡与贩运的主要路线在的黎波里塔尼亚地区。因此，在征得相关国同意在其水域和领土实施行动方面，利比亚是最相关的沿海国家。[2]

欧盟授权下的军事活动的法律依据是以国际公法为基础。对于共同安全与防卫政策（CSDP）行动下运用军事手段打击跨境犯罪，欧盟内部没有适用的具体法律框架，比如说适用于欧盟外部边境管理局下的欧盟边境管控机制。事实上，欧盟授权严重依赖联合国框架下的国际协议，而不是欧盟的任何具体立法。特别援引的文书有《联合国海洋法公约》《打击陆、海、空偷运移民议定书（走私议定书）》和《联合国打击跨国有组织犯罪公约关于预防、禁止和惩治贩运人口特别是妇女和儿童行为的补充议定书》。[3]

就第三国同意及任何适用的联合国安理会决议而言，如果没有

---

[1] 欧盟授权（2015），第2（2）(b)(i)条。
[2] 欧盟授权（2015），第2（2）(b)(ii)和2（3）条。
[3] 欧盟授权（2015），序文（6）和第2（2）(b)(i)条。

适用的法律框架，该行动就不能进入第三国领土。因此，欧盟授权的执行基于这样一种假设，即利比亚和国际社会愿意让相关的军事行动在其水域和陆地领土上实施。联合国支持下的和平谈判所取得的进展，包括建议建立民族团结政府的"利比亚政治协定"，意味着向下一阶段的法律框架的建立迈出了一步，因为协定的相关方也有责任应对非正常移民问题。

## 二、联合国安理会第 2240（2015）号决议

联合国安理会通过第 2240（2015）号决议，应对"最近在利比亚海岸的地中海水域出现的移民偷渡与贩运人口泛滥及危及生命"的问题。[①]联合国安理会第 2240（2015）号决议的通过必须放在更广泛的国际层面来解读，尤其是旨在恢复该地区特别是利比亚法治的国际层面的努力。

该决议在若干段落中强调与海上生命安全和尊重人权有关的国际法原则。根据安理会第 2240（2015）号决议的第 7 段和第 8 段，检查和扣押可疑船只的授权仅限于利比亚沿岸的公海。尽管安理会承认危机局势并不仅限于地中海的中南部地区，但行动仅在人口偷渡者和贩运者猖獗的地理区域内进行。该决议强调了利比亚面临的严峻局势，指出人口偷渡和贩运并不是其面临的严重跨境犯罪问题的唯一形式。决议没有为地中海其他地区或一般公海的类似活动提供授权。[②]

因此，安理会第 2240（2015）号决议既不是"索菲亚行动"的特别授权决议，也不是对欧盟在控制其外部边界移民流动方面的努力进行专门背书的决议。相反，它是对适用于打击人口偷渡和贩运跨境犯罪的国际法律框架的具体延伸。应该在结合安理会有关利比亚决议的更广泛背景下去解读它。安理会随后又通过了第 2259（2015）号决议，尽管该决议仍没有依据宪章第七章做出具体的授

---

[①] 联合国安理会第 2240（2015）号决议，序言。
[②] 联合国安理会第 2240（2015）号决议，序言，第 7、8 段。

权，但承认利比亚政治协定并敦促国际社会支持利比亚。①

## 三、船旗国同意与联合国安理会第2240（2015）号决议

根据国际法，该行动必须获得船只船旗国的同意。《联合国海洋法公约》在第110条中认可在少数几种情形下对军舰的登临权。与非正常移民相关的，有两种操作情形可视作适用于登临权。第一种是核实没有悬挂国旗船只的国籍。这也是最现实的选择，因为在地中海中南部地区涉嫌人口偷渡与贩运的大多数船只都没有悬挂国旗。相反，它们大多是人满为患、不适航的橡皮艇和渔船。第二种情形是进行奴隶贸易的船只。但问题是《联合国海洋法公约》并没有对"奴隶"这个术语进行界定，因此该公约中所指的"奴隶"是否与人口贩运罪有部分的同义关系仍然存在争议。最后或许只有通过刑事调查和其他的执法行动才能确认可疑犯罪的性质。

安理会第2240（2015）号决议也强调了征得船旗国同意的义务。但是，该决议也认可在未获取同意的情况下对疑似船只进行检查的权利，条件是已经竭尽有诚意的努力去征得同意。该决议并未明确如何才算有诚意的努力。这也是该概念首次在与欧盟军事行动有关的情况下运用。安理会第2182（2014）号决议建立了类似的机制，即索马里武器与煤炭禁运机制。但是，二者很难相提并论，因为所解决的问题存在根本上的区别。人口偷渡与贩运并非为正在发生的武装冲突提供直接的物质和财政支持，即便其确实会为武装团体增加资金来源。这些罪行的法律框架更多是关于保护人权及海洋环境的，而不是关于禁运机制的。②

---

① 联合国安理会第2259（2015）号决议。
② 有关登临权和联合国安理会有关决议问题的详细研究，请参见：Kraska（2010）和Wilson（2015）。

## 四、海上人员救助

救助遇险人员的义务是公海海洋法的核心。《联合国海洋法公约》第98条和1974年《国际海上人命安全公约》（SOLAS）的第5章以及1979年《国际海上搜救公约》（SAR）都规定了相关原则。救援工作由负责救援协调的中心来协调，包括请求援助及协助获救人员下船登陆。从军事角度看，需要关注的一个根本性问题就是该权利在多大程度上能从公海领域适用于一国的领海中，因为这不仅涉及打击人口偷渡与贩运罪的问题，还涉及一个国家的主权问题。该问题的重点不在于是否存在为遇险人员提供援助的实际责任，而是涉及救援工作的协调和扩展以及获救人员的下船登陆等问题。

因为利比亚海岸外水域没有运行的救援协调中心（RCC），罗马的救援协调中心实际上负责协调该地区所发生的海上人命安全事件。参与救援行动的船只通常不仅包括参加"索菲亚行动"和其他军用及海岸警卫队的船只，也有商船和非政府组织的救援船。但必须指出的是，尽管利比亚国内形势非常不稳定，利比亚海岸警卫队部门也常常进行搜救活动。

从纯粹人道主义的角度看，将救援活动延伸到利比亚领海显然是有必要的。《联合国海洋法公约》和1974年《国际海上人命安全公约》似乎都提供了在与相关沿海国建立联系后在其境内开展救援行动的国际法依据。两项公约都认为海上安全是任何救援活动中最重要的考虑因素。虽然《联合国海洋法公约》中关于提供救援义务的第98条仅适用于公海，但根据第18条规定，向遇险的人员、船只或飞机提供援助也享有领海通行权。根据第19条，只要不损害沿海国的和平、良好秩序或安全，就算是无害通过。沿海国家与无害通过相关的权利旨在促进航行安全，而不是妨碍航行。这样看来，即使是军舰在未获得沿海相关国同意的情况下进入其领海提供援助，似乎也可以获得公约支持。

具体到利比亚的情况，有两个重要因素需要考虑。首先，通知国家当局的责任在很大程度上取决于是否存在一个具备政府性质的、能负法律责任的对话者。虽然根据《利比亚政治协定》建立了民族团结政府，但由于局势动荡，这个基本的政府架构在很大程度上仍然无法履行职能。其次，存在领水地理区域上的争议。利比亚认为苏尔特湾是其历史性海湾，是其内水的一部分，但其他国家并不承认这一点，这种声索也没有海洋法依据。因此，对于负责任的救援协调中心协调下的以救援为唯一目的的行动来说，似乎没有什么法律依据可以禁止其进入利比亚领海，包括苏尔特海湾。

## 五、获救与被捕人员的上岸登陆

在救援行动期间，"索菲亚行动"也授权逮捕涉嫌人口偷渡和/或贩运的人。获救者的安全港由救援协调中心指定。人道主义形势决定实施办法。由于叙利亚的安全与人权形势严峻，找该国最近的港口登陆是行不通的。这个问题是欧盟成员国特别关注的问题，欧盟成员国同时也都是欧洲理事会的成员，欧洲理事会所属的欧洲人权法院（ECHR）就《欧洲人权条约》的适用问题做出具有法律约束力的决定。

在"希尔西·贾马阿（Hirsi Jamaa）等人诉意大利"案例中，欧洲人权法院做出的判决是，意大利当局将移民遣返回他们在利比亚的原出发地违反了不予驱回原则（the non-refoulement principle），即便意大利未对这些人员实施人身控制。[①]因此，除非利比亚的人权纪录有所改善，否则只能让海上获救人员在欧盟境内登陆，除此之外没有其他合乎法理的选项。然而，这项政策也并非无可指摘，因为它被视作助长了犯罪商业模式，"蛇头"组织借此进行技术和战术调整，减少对偷渡船只燃料和水的配给，以指望船只在即将抵达欧盟边境时获得救援。

出于安全和人权方面的考虑，获救和被捕的人员应在欧盟境内

---

① 欧洲人权法院（2012）。

登陆，主要在意大利南部地区的一个安全港，这是在救援协调中心协调下由意大利内政部指定的地点。实际上，由于利比亚救援协调中心名存实亡，意大利救援协调中心承担了救援活动的全部协调工作。目前，关于该行动中获救和被捕人员的登陆，并不存在具体的法律框架。因此，这方面的操作是基于意大利的国内规定与条例，以及借用地方当局的力量。因涉嫌参与人口偷渡/贩运犯罪活动而被捕的人员交由意方处理。意大利内政部，更具体地说是国家反黑手党指挥部（DNA），负责组织对该行动所逮捕人员进行调查和起诉。

关于人员上岸登陆，"索菲亚行动"使用现有的欧盟外部边境管理局的相关程序。行动方和外部边境管理局建立了详细的合作框架，包括合作形式的顶层协议，以及更详细的共同标准操作规程。在此框架下，外部边境管理局派遣联络官到行动总部及部署舰船参与行动。当然，外部边境管理局派联络官到部队派遣国的军舰上需要得到管理局和船旗国双方的同意。重要的是，派驻到"索菲亚行动"舰船上的联络官，并不参与执法活动，例如逮捕可疑的人口偷渡者和贩运者。[①]目前，共同安全与防卫政策中没有一般性的欧洲法律框架可以直接适用在参与欧盟军事行动的欧盟成员国之间的嫌犯移送问题。成员国的国内法律可能禁止在没有具体适用的法律框架的情况下让被捕人员在他国登陆。在这种情况下，有关国家应建立其他法律机制而非该行动的机制来满足其国内法律要求，例如以国家为基础或借助国际协定在人员登陆方面采取行动的法律机制。

## 六、个人数据的采集与传送

个人数据的采集和传送也包含在欧盟授权之中。行动中需要向欧盟相关机构和欧盟成员国的各自执法部门传送个人数据。采集的个人数据仅限于那些可以辅助识别被带上行动船只的人员的特征，

---

[①] 欧盟交换信函（2015）。

包括指纹，还有某些详情，但不包括除此以外的个人数据。[1]这些数据可能被传送到欧盟成员国的相关执法部门以及欧盟机构。显然一些行为体不能参与这些个人数据的共享，比如参与打击人口偷渡与贩运网络的其他国际组织。

可以说，该行动的数据采集方式是有限的，这与该行动的整体有限性是一致的；该行动与旨在起诉人口偷渡与贩运罪行的传统执法行动不同，其主要目的是为了确定并瓦解犯罪网络的商业模式。

然而，采集个人数据本身与传统执法行动有很多相似之处。这表明，在面对纯军事或纯民事手段无法解决的危机时，欧盟采取了综合性的应对手段。目前，该行动中的执法活动并没有欧洲共同的法律框架支撑，只能依托成员国的国内法。具体来讲，人口偷渡/贩运嫌疑犯在哪个成员国上岸登陆（尤其是意大利），那么就依据该国法律处理这些人的个人数据。

## 七、使用武力与交战规则

在欧盟的任何军事行动中使用武力都受到国际法的约束，尤其包括国际人道法（IHL）和人权法（HR）以及部队派遣国（TCNs）国家立法的限制，也包括国家对自卫的解释和更具体的操作指导文件，如作战计划（OPLAN）和交战规则（ROE）。[2]在"索菲亚行动"中，国际人道法适用得很少。目前在叙利亚发生的"非国家间武装冲突"并没有影响到该行动的部队，该行动也没有与参与冲突的任何武装集团交过战。因此，在行动中使用武力的国际法律依据，大多出自国际人权准则，特别是那些源自《欧洲人权公约》和欧洲人权法院所做出的相关判例的规范。

交战规则是基于特定情况下实现既定的政治和军事目标所需的

---

[1] 欧盟授权（2015），第2(4)条。本条中的特征仅限于那些有可能被用来辅助识别被带上行动船只的人员的特征，包括"指纹，还有以下所列细节（不包括其他个人数据）：姓、曾用名、名和其他类似的名或假名；出生日期与地点、国籍、性别；住址；职业和地点；驾照、身份证明文件和护照的信息"。

[2] 欧盟授权（2015），序言和第2、5、6条。

最低限度的武力。制定有关使用武力的作战文件的依据是每个阶段的任务授权和适用的国际法律框架，包括适用的联合国安理会决议。作战计划和交战规则在第一阶段行动启动时在政治层面获得授权，并且交战规则也被授权用于第二阶段的公海范围。[1]在目前阶段，交战规则特指支持在国际水域拦截、登船、搜查、扣押和转移涉嫌人口偷渡/贩运的可疑船只。本案例特别考虑了联合国安理会第2240（2015）号决议的要求和限制。该决议授权特殊和特定情况下并基于合理理由，检查和扣押来自利比亚涉嫌偷运移民或贩运人口的船只。

在任何情况下，交战规则都不会将使用武力的授权延伸至适用法律之外，也不会限制国家立法规定的固有自卫权利。使用武力始终取决于必要性与相称性的基本原则，必须履行适用于该行动的人权义务。与此同时，还要考虑某些特定的法律机制，包括海洋法，特别是对悬挂国旗的船只采取行动时需要征得船旗国同意的一般性要求，[2] 以及根据《打击偷运移民议定书》确定打击海上偷运移民的适当措施，[3] 还有适用于海上人员救助的机制。[4]

交战规则及其解释始终以更具体的作战计划为指导，以欧盟政治层面的指导为基础而起草，最重要的是要获得欧盟授权。对第三方的保护问题是平衡使用武力的关键因素。政治决策者和法律专家都强调人权义务和制定具体行动实施细则的重要性。[5]

在行动中，使用武力受到若干法律和政治因素的制约。除了国内自卫法规外，武力的使用可能运用在与传统危机管理行动截然不同的领域。人口偷渡与贩运并不被视为适用普遍管辖权的犯罪，这与海盗行为有很大不同，而旨在瓦解该犯罪商业模式的海军行动，会因这一特点在武力使用问题上格外独特，如更加有限且更接近传统执法行动中武力的使用。因此，可以得出结论，在行动中决定使

---

[1] 理事会决定972（2015）。
[2] 《联合国海洋法公约》(1982)，第92、94、110条。
[3] 《打击偷运移民议定书》(2000)，尤其是第8条。
[4] 《联合国海洋法公约》(1982) 第98条，1974年《国际海上人命安全公约》以及《国际海上搜救公约》(1979)。
[5] 参见Capaldo（2015）。

用武力的主要法律考量,是个人及他人的个人自卫权以及保护和保障第三方安全的要求。

## 结　论

"索菲亚行动"从许多角度来看都是历史性的。欧盟成员国同时采取民事与军事手段打击人口偷渡与贩运的有组织犯罪,这是史无前例的。而且,作为协调全面努力的一部分,从行动的建立到开始运作,无论是在欧盟的政治层面还是军事层面,其速度之快都值得称赞,这展现了欧盟成员国使用军事手段应对其边界人道主义危机的能力。联合国安理会也展现了将《联合国宪章》第七章的授权适用于一个崭新领域的意愿,即以发生"非国家间武装冲突"的国家为根据地、危及数千人生命的有组织犯罪集团的情况上。

有必要继续深入研究共同安全与防卫政策在打击人口偷渡与贩运方面的法律框架。欧盟军事部队和执法部门之间的合作,作为有效合法完成行动的保障,是此类行动成功的关键。因执法目的而进行的个人数据的采集、存储和传送需要进行审查,因为这显然是一个全新的合作领域。在与执法相关的行动中使用武力,需要不断对两方面进行评估并保持微妙的平衡:一是人权责任,尤其是不惜一切代价避免对第三方造成任何伤害的责任;二是对有组织犯罪进行有效打击。

欧盟开展该行动的方式可以定义为海军和平时期行动与执法活动的组合,其中军队被用作促进成员国打击犯罪活动的工具。其军事行动包括收集犯罪活动的信息和采集行动中相关人员的个人数据。欧盟进一步授权该行动在必要时使用必要且合适的武力。通过让行动中被捕或被救人员在欧盟境内上岸登陆,以合法合理的方式给该行动画上了句号。"索菲亚行动"的成功表明,如果存在必要的政治意愿和决心,就有可能迅速运用现有的国际、欧洲和国家的法律框架,以协调的方式应对前所未有的形势。类似的跨国行动不仅可以在欧盟共同安全与防卫政策的法律背景下进行,也可以在整个国际社会范围内进行,正如安理会第2240(2015)号决议的措辞所表述的那样。

# 第六章
# 打击海盗行动
## ——以打击索马里海盗为例

早在17世纪,国际社会就开始推动确定海盗活动非法,并将其定义为人类的公敌,不为人类社会所容。如今,国际社会根据普遍管辖原则,允许任何国家打击和起诉公海上发生的海盗行为。这一原则与其他关于打击海盗的规则被纳入1958年的《日内瓦公约》。1982年,相关条款被《联合国海洋法公约》采纳。这些条款已具备习惯国际法性质,因此,那些即便没有签署《联合国海洋法公约》的国家也要受到约束。但目前为止,《联合国海洋法公约》和习惯国际法都未对一国领海内发生的海盗行为做出具体规定。

2008年6月,安理会首次讨论海盗问题,并依据《联合国宪章》第七章规定,通过了针对索马里海域海盗行为的限制措施。根据通过的1816号决议,各国被特别授权进入索马里领海并使用所有必要手段打击海盗行为。这一决议后经联合国安理会更新和修正,成为各国在索马里海域打击海盗行动的法律依据。

## 一、海洋法关于海盗行为的规定

### (一)海盗的定义

《联合国海洋法公约》第100—107条以及110条专门对打击海盗行动做出规定。第101条规定,下列行为中的任何行为均构成海盗行为:

(a)私人船舶或私人飞机的船员、机组成员或乘客为私人目的,对下列对象所从事的任何非法的暴力或扣留行为，或任何掠夺行为：

（1）在公海上对另一船舶或飞机，或对另一船舶或飞机上的人或财物；（2）在任何国家管辖范围以外的地方对船舶、飞机、人或财物。

（b）明知船舶或飞机成为海盗船舶或飞机的事实，而自愿参加其活动的任何行为。

（c）教唆或故意便利（a）或（b）项所述行为的任何行为。

这一定义包含三个限制性标准。首先，该规定仅适用于公海（以及一国的专属经济区）以及其他国家管辖海域以外的区域，而领海水域、群岛水域、内水以及港口发生的海盗行为不在规定范围之内。这样的规定存在很大隐患，因为海盗经常在靠近岸边和群岛水域活动，或者在公海劫掠后回到这些区域。例如，对于在公海上被海盗劫持并在另一国港口或近岸水域被索要赎金的船只，《联合国海洋法公约》并未授权各国占领该船。其次，该袭击只有在公海上针对"另一船舶"才构成海盗行为。换句话说，如果船上乘客劫持了船只，该行为不属于公约规定的海盗行为。再次，该行为必须出于"私人目的"。如果袭击行动主要出于政治目的，那么则不属于公约规定的海盗行为。这一规定主要是为了将国家或非国家团体发动的袭击与武装冲突区分开。此外，海盗与海上恐怖主义不同。1988年通过的《制止危及海上航行安全非法行为公约》对海上恐怖主义有明确规定。但不可否认的是，某些由个人发动的海盗行动也属于公约规范的范畴。起草该公约的起因是为了应对1985年巴勒斯坦武装分子劫持"阿基莱·劳伦号"游轮事件。2001年"9·11"事件后，在公约基础上，又进一步形成了附加议定书，扩大公约覆盖的范围。

（二）合作的义务

根据《联合国海洋法公约》第100条规定，所有国家应尽最大可能进行合作，以制止在公海上或在任何国家管辖范围以外的任何其他地方的海盗行为。但是，关于这种合作义务的范围，国际法学界至今没有统一的认识。① 根据该规定，尽管各国在合作义务方面都有自由裁量权，但任何国家都不允许支持和容留海盗。因此，第100条规定至少可以被理解为沿海国家必须积极阻止海盗利用其领土在其领海及国际水域发动袭击。②

### （三）公海上对海盗船的登临和扣押权

根据《联合国海洋法公约》第92条规定，船旗国对公海上悬挂该国国旗的船只拥有专属管辖权。但公约第110条也允许战舰在公海上登临怀疑从事海盗行为的船只。在这种情况下，该战舰也可以派人登船查证可疑船只与船旗国的关系，并进行深入调查。公约第105条规定，对于确实从事海盗行为的船只，任何国家都可以在公海上扣押海盗船舶或为海盗所夺取并在海盗控制下的船舶，和逮捕船上人员并扣押船上财物。

1. 使用武力的限制

根据国际法规定，应对海盗时使用武力要受到一定限制。国际人道主义法仅适用于武装冲突。但一般来讲，打击海盗行动一般属于执法行动，具有类似警察行动特征。这种行动都要遵守国际人权法律。这就意味着在使用武力方面，有关打击海盗的规定要严于武装冲突中应对有组织武装集团的规定。在警察行动中，只有在最极端的情况下，如自卫或保护他人，才可以杀人。但在传统习惯法中，海盗被认定为"人类的公敌"，那么他就因此丧失了作为普通人应具有的权利。从这个角度讲，国际人权法就难以适用海盗了。

2. 领海水域内的打击海盗行动

对于一国领海、群岛水域、内水内发生的海盗行为以及已退回一国港口的海盗行为，《联合国海洋法公约》第105条规定显然无法适用。在这些水域打击海盗的行动要受相关沿海国的专属管辖。根据《公约》第111条规定，对于从一国领海逃入公海的海盗船可以对其行使紧追权，但对于从公海逃入一国领海的海盗船，则不可以

---

① Wolfrum, "Hohe See und Tiefseeboden (Gebiet)"(see note 8), marginal note 47.
② Wolfrum, "Hohe See und Tiefseeboden (Gebiet)"(see note 8), marginal note 458.

对其行使这一权利。

## 二、联合国安理会关于索马里的决议

### （一）1816号决议

2008年，联合国安理会通过1816号决议，表达了对海盗行为威胁索马里人道主义救援行动、海上商业航线以及国际航行的关切。尤其提到"在索马里领海及公海内发生的海盗及武装劫船事件，使索马里局势进一步恶化，严重威胁地区和平与安全"。为此，安理会未根据《联合国宪章》第39条规定将索马里海盗袭击定义为"危及和平的事件"，而是将其定义为"致使危及和平形势进一步恶化的事件"。早在1992年，安理会便将索马里形势定义为"危及和平事件"，并对其进行了武器禁运。

在决议中，安理会将索马里海盗袭击事件定义为"海上武装劫船事件"。这其实是借用了国际海事组织（IMO）术语。国际海事组织将"武装劫船"定义为"在一国管辖范围内发生的针对船只、人员或船上财产的暴力、扣留、劫掠或威胁行为，海盗行为除外"。[①] 这一术语可以包含海洋法公约未能涵盖的、与海盗行为相近的行为。决议中适用了"海盗"和"武装劫船"两个术语，就是为了涵盖所有与海盗相关的行为，这其中就包括由船上人员（而非另一船舶上的人员）发动的袭击行为。

### （二）在索马里领海内及公海上开展的行动

安理会1816号决议敦促在索马里水域以及公海上运行的各国海军和军机与索马里联邦过渡政府一道，协作打击海盗行为，并向受到海盗威胁的船只提供援助。在决议第7段中，安理会授权所有国家与索马里联邦过渡政府合作，进入该国领海并使用所有必要手段

---

① "Code of Practice for the Investigation of Crimes of Piracy and Armed Robbery against Ships"（see note 15），2.2.

压制该区域内发生的海盗行为。通过这段决议，安理会将《联合国海洋法公约》中有关在公海上打击海盗的规定延伸到一国领海。根据这一决议，各国军舰可以从公海紧追海盗船或被劫持船只进入索马里领海。但是，该决议仅针对索马里，在其周边国家水域内不能采取类似行动。

（三）陆上打击海盗行动

为强化打击海盗行动，安理会又通过1851号决议，授权所有国家和国际组织在陆上和海上采取所有必要和合适的措施打击海盗。与此同时，安理会还特别强调，任何措施都要符合国际人道主义法的相关规定。这条规定隐含着将索马里国内局势定义为武装冲突的含义，因为人道主义法仅适用于武装冲突。由于索马里长期陷入军阀割据之中，因此很难判断某一行为属于战争行为还是有组织犯罪。在这一背景下，如果某些海盗属于当地的某一武装团体，那么相关国家进入该地区针对海盗采取的定点执法行动势必会引发全面交火，这也是为什么各国都更愿意在索马里水域打击海盗，而对索马里陆地望而却步的主要原因。

（四）索马里联邦过渡政府的同意

安理会授权各国进入索马里水域打击海盗是应索马里联邦过渡政府的请求做出的。从法律角度讲，索马里政府的同意并非安理会授权的必要条件，因为安理会完全可以根据《联合国宪章》第七章规定采取行动。但索马里政府的同意毕竟有助于提升打击海盗行动的合法性，并释放索马里愿意配合安理会决议的重要信号。此外，根据决议，索马里联邦过渡政府还负责向联合国秘书长通报具体哪些国家和国际组织被允许在索马里领土内开展行动。这就意味着，仅有国家和国际组织可以在索马里领土内开展行动，而且其与索马里联邦过渡政府的合作已向联合国秘书长进行了通报。

## 三、起诉海盗

### (一) 海盗与国际法

海盗是习惯国际法中历史最悠久的犯罪类型,各国对此均有普遍管辖权。各国均有权拿捕公海上的海盗船、逮捕船上人员以及在法庭上起诉他们。[①] 1982 年《联合国海洋法公约》第 105 条也规定了这条原则。但与种族灭绝、反人类罪或战争罪不同,海盗行为并不代表严格意义上的国际犯罪。国际法赋予各国起诉国际罪行的积极责任,但在海盗问题上,国际法只赋予各国在公海任何地方采取行动的权利,而没有规定起诉的义务。此外,根据习惯国际法和《联合国海洋法公约》第 100—107 条,各国没有义务以任何特殊形式的国内立法将海盗行为定为犯罪。

1988 年《制止危及海上航行安全非法行为公约》曾有过相关的规定。尽管该公约处理海盗的方式与《联合国海洋法公约》第 101 条规定的不同,[②] 但其中规范的许多行为是典型的海盗攻击行为。该公约的任何签署国都可以对其规定的所有罪行进行惩罚。根据该公约第 3 条:"任何人如非法并故意从事下列活动,则构成犯罪:1. 以武力或武力威胁或其他任何恐吓形式夺取或控制船舶;或 2. 对船上人员施用暴力,而该行为有可能危及船舶的航行安全;或 3. 毁坏船舶或对船舶或其货物造成有可能危及船舶航行安全的损坏。"该公约的签署国有义务建立对这些罪行的管辖权,将涉嫌违法者提交其主管当局,或将其引渡至别国,以对其进行起诉(或引渡或起诉原则)。

### (二) 管辖权问题

1. 公海普遍性原则

根据《联合国海洋法公约》第 105 条,一国可以于任何时候在

---

[①] Ivan Shearer, "Piracy", in *The Max Planck Encyclopedia of Public International Law*, ed. Rudiger Wolfrum (Oxford University Press, 2008), online edition, www.mpepil.com.

[②] On the definition of piracy under UNCLOS Article 101 see the contribution by the same author in this volume, pp. 56ff.

公海上打击海盗，不论其国籍或船只悬挂的旗帜如何。这项条款反映了习惯国际法里普遍管辖权的原则，根据该原则，各国对某些罪行可以建立刑事管辖权，无需顾及地点、人员或其他一些国家拥有起诉权所必需的前提条件。普遍管辖权适用于某些特殊罪行，比如种族屠杀等，由于其犯罪性质严重，对其进行制裁符合整个国际社会的利益。尽管海盗有时被称作人类公敌，但从严重程度上说，海盗行为无法与种族屠杀、反人类罪或战争罪等国际犯罪相比。①

2. 其他司法管辖区

如果在沿海水域、群岛水域、内水或港口拘留海盗，则不适用普遍性原则。这些情况下，起诉海盗的责任主要在领土所在国（属地原则）。尽管如此，如果他国与相关罪行有特殊联系，这个国家同样可以起诉该罪行，比如海盗或受害者是该国公民（属人原则/被动属人原则），或者海盗船或被捕获船只属于该国。在这些情况下，嫌疑犯可被引渡到一个准备对该罪行行使其管辖权的国家。

3. 索马里案例

索马里的反海盗行动即根据 2008 年联合国安理会建立的特殊法律框架开展的。安理会根据《联合国宪章》第七章的规定，将《公约》赋予的在公海执行反海盗任务的权力扩大到索马里领海。这意味着，与索马里过渡联邦政府正式合作的国家甚至可以在索马里领水内扣押海盗船，并在本国的刑事法庭上审判那些在船上被拘留的海盗。

（三）军队逮捕海盗

人权法的应用。"亚特兰大行动"的任务之一是逮捕、拘留和转移海盗，以对其进行刑事起诉。② 德国联邦议院授权德国武装部队

---

① Claus Kreß, "International Criminal Law", in The Max Planck Encyclopedia of Public Inter-national Law, ed. Rüdiger Wolfrum (see note 1), marginal note 9.

② Council Joint Action 2008/851/CFSP, 10 November 2008, Official Journal of the European Union, L 301, 12 November 2008, 33ff. (Article 2).

(联邦国防军)部署在索马里海岸,其中就包括了这项任务。① 在执行这一任务时,联邦国防军一般受到国际人权准则和《德国基本法》的条款约束。《公民权利和政治权利国际公约》(ICCPR)和《人权和基本自由欧洲公约》(ECHR)对拘留程序提出了具体要求。这两部人权公约的域外适用性在法律学者和实践者中富有争议。然而,大家似乎至少能够达成一点共识,即如果各缔约国的相关部门在其本国境外行使有效控制时,应该受这些条约的约束,比如在德国军舰上扣留外国人。②

(四)军舰上的拘留

即时听证。根据《公民权利和政治权利国际公约》第 9 条第 3 款规定,任何因刑事指控被逮捕或拘留的人,必须立即送交法官或其他有管辖权的法律机关,并有权在合理的期限内被审判或释放。《人权和基本自由欧洲公约》第 5 条第 3 款也有相似规定。目前尚没有关于"立即"的一般定义,通常要考虑每个案件的具体情况。在两起公海上拘留贩毒嫌疑犯的案件中,欧洲人权法院判定分别允许 13 天和 16 天的期限,因为要送被拘留者至其母港,需要航行 5000 多公里距离。③

(五)转移海盗至他国

1. 转移至肯尼亚

美国与英国最早与肯尼亚签署了关于转移海盗至肯尼亚并提出

---

① Bundestags-Drucksache 16/11337, 10 December 2008; Bundestags-Drucksache 17/179, 9 December 2009.

② For detail on the extraterritorial applicability of human rights treaties see Andreas Fischer-Lescano and Lena Kreck, "Piraterie und Menschenrechte: Rechtsfragen der Be-kämpfung der Piraterie im Rahmen der europäischen Operation Atalanta", Archiv des Völkerrechts 47 (2009): 481 – 524(483ff).

③ European Court of Human Rights, Application No. 37388/97, Judgment of 12 January 1999 (Rigopoulos v. Spain); Application No. 3394/03, Judgment of 10 July 2008, (Medvedyev and Others v. France).

起诉的双边协议。① 2009年3月，欧盟与肯尼亚政府同意就移交被欧盟部队扣押的海盗嫌疑人的条件和方式交换意见。② 根据欧盟军事理事会联合行动2008/851/CFSP第12条第2款，被拘留者只有在其转移条件符合国际法，特别是符合国际人权准则的情况下，才能被转移到第三国。本条款旨在确保这些人免于受到死刑、酷刑或其他残忍、不人道或有辱人格的待遇或处罚。欧盟和肯尼亚之间达成的协议确定了许多程序保障，其中一些就来自《公民权利和政治权利国际公约》和《欧洲人权公约》。

2. 地区能力建设

要使该地区其他国家积极参与起诉和监禁海盗，需要国际社会提供大量的财政援助和能力建设支持。例如，欧盟通过联合国毒品和犯罪办公室（UNODC）向肯尼亚司法系统投资约300万美元。其中一些资金已被用于建立专门用于海盗审判的高级安全设施。③ 在联合国的帮助下，塞舌尔也建立了一个区域海盗起诉中心，目前该中心已开始运作。④

3. 第三国执法人员

为了方便执行第三国起诉，联合国安理会呼吁这些国家的执法官员乘坐执行"亚特兰大行动"和其他任务的军舰，以便他们能够立即开始调查船上被拘留的人员。⑤ 然而，第三国在索马里领水内行使这种刑事管辖权需要征得索马里过渡联邦政府的同意。

---

① Tullio Treves, "Piracy, Law of the Sea, and Use of Force: Developments off the Coast of Somalia", European Journal of International Law 20, (2009) 2: 399–414 (411).

② Exchange of Letters between the European Union and the Government of Kenya on the conditions and modalities for the transfer of persons suspected of having committed acts of piracy and detained by the European Union-led naval force (EUNAVFOR), and seized property in the possession of EUNAVFOR, from EUNAVFOR to Kenya and for their treatment after such transfer, 6 March 2009, Official Journal of the European Union, L 79, 25 March 2009, 49ff.

③ "No Stopping Them", Economist, 3 February 2011.

④ Antwort der Bundesregierung auf die Kleine Anfrage der Abgeordneten Jürgen Trittin, Volker Beck (Köln), Marieluise Beck (Bremen), weiterer Abgeordneter und der Fraktion Bündnis 90/Die Grünen (Überprüfung der Rechtsstaatlichkeit von Verfahren für Perso-nen, die an Kenia überstellt werden), Bundestags-Drucksache 16/12648, 17 April 2009, Frage 1.

⑤ Security Council Resolution 1851 (2008), 16 December 2008, operative paragraph 3.

## （六）实践中的起诉情况

### 1. 许多国家持谨慎态度

目前，参与"亚特兰大行动"的国家对在本国法院审判海盗极不情愿。一方面，在调查和证据上存在许多程序和实际障碍。另一方面，政治方面考虑的影响很大，尤其令人担忧的是，被定罪的海盗可能在服刑期满后申请庇护。因此，越来越多的海盗被海军解除武装并短暂拘留后又被释放。[1] 据欧盟和北约海军指挥官估计，从2010年1月至6月，大约有700名海盗嫌疑人被释放。[2] 有时这些人甚至被释放至远离海岸的地方，乘坐没有导航设备的小船。[3] 为此，联合国安理会曾表达关切，并指出在海盗被捕后，在如何处理海盗的问题上既缺乏能力，也缺乏透明度。[4] 安理会呼吁所有国家"要根据其国内法给海盗定罪，并最好考虑起诉在索马里海岸外被捕的海盗嫌疑犯和监禁已定罪的海盗"。[5]

### 2. 肯尼亚的角色

截至2010年5月，500多项起诉正在该地区（肯尼亚、索马里兰、邦特兰、塞舌尔和也门）进行。在肯尼亚，18名索马里人被判长期监禁，100多人正在等待审判。[6] 然而，在第一次审判后不久，内罗毕政府就抱怨说法院超负荷运转，于是暂停受理更多案件，并要求公平分担责任和更多的财政援助。2010年9月，肯尼亚政府宣布终止与欧盟的合作协议；11月，肯尼亚国家法院裁定，肯尼亚政府无权审判在肯尼亚领海外发动袭击的海盗。[7] 与此同时，在该地区以外的国家（包括比利时、法国、德国、印度、马来西亚、马尔代

---

[1] See the examples in Treves, "Piracy, Law of the Sea, and Use of Force" (see note 15, 408ff).

[2] UN Doc. S/2010/394, 26 July 2010, paragraph 20.

[3] In May 2010 the Russian navy released ten pirates more than 300 nautical miles from the Yemeni coast. "Freed Pirates May Have Drowned", Wall Street Journal Online, 12 May.

[4] Security Council Resolution 1851 (2008), 16 December 2008, Preamble.

[5] Security Council Resolution 1918 (2010), 27 April 2010, operative paragraph 2.

[6] UN Doc. S/2010/394, 26 July 2010, paragraph 19ff.

[7] "A Better Way to Deal with Pirates", Washington Post, 9 December 2010.

夫、荷兰、韩国、西班牙和美国），有40多起诉讼正在进行中。① 例如，美国弗吉尼亚州联邦法院认定，2010年4月，在印度洋袭击美国军舰的5名索马里男子犯有海盗罪。根据1819年的一条法规，这些人将面临终身监禁。② 2011年1月，5名索马里海盗被韩国海军抓获并被带到韩国，在那里他们也面临终身监禁。③ 在马来西亚，7名索马里嫌疑人因袭击一艘在马来西亚注册的化学油船和登船的马来西亚武装部队而受到指控，并面临死刑。④

3. 欧洲第一次海盗审判

2010年5月底，欧洲开始了第一次海盗审判，当时有5名索马里公民出席荷兰法庭。2009年1月，他们被丹麦军队拘留，之前他们在亚丁湾袭击了一艘悬挂荷属安的列斯群岛国旗的土耳其货船。⑤ 2010年11月，在汉堡的一家法院开始审判由荷兰转移至德国的10名海盗嫌疑人，他们被指控劫持一艘在汉堡注册的集装箱船。⑥

(七) 指控海盗的国际法院

1. 创建起诉的国际组织

鉴于在国内法院起诉海盗面临实际和法律上的障碍，可以考虑为这种罪行设立一个国际法院。德国为实现这一解决方案做出了努力，但一开始遭到强烈批评和某些部门的拒绝。⑦ 联合国安理会要求秘书长提交一份报告，为建立更有效的法院结构提供可能的选项。⑧ 联合国秘书长在其2010年7月的报告中提出了加强起诉和监禁海盗

---

① UN Doc. S/2010/394, 26 July 2010, paragraph 22.
② "Five Somali Men Convicted in Navy Ship Attack", Wall Street Journal (online), 25 November 2010.
③ "Somali Pirates Brought to South Korea", Wall Street Journal (online), 31 January 2011.
④ "Malaysia charges Somali Pirates", Wall Street Journal (online), 11 February 2011.
⑤ "Somali-Piraten vor Gericht", Neue Zürcher Zeitung, 26 May 2010.
⑥ "Deutsche Behörden im Kampf gegen Piraten", dw-world. de, 22 November 2010.
⑦ Antwort der Bundesregierung auf die Kleine Anfrage (see note 18), Frage 6.
⑧ Security Council Resolution 1918 (2010), 27 April 2010, operative paragraph 4.

的几个选项。① 包括：

（1）在有或没有联合国参与的情况下，在该地区另一个国家的领土上建立一个索马里法院。

（2）在有或没有联合国参与的情况下，在该地区国家的国家管辖范围内设立一个特别分庭。

（3）在联合国的参与下，在区域国家间多边协定的基础上建立一个区域法庭。

（4）根据该区域一个国家与联合国之间的协议设立一个国际法庭。

（5）根据《联合国宪章》第七章，由安理会建立一个国际法庭。

2. 加强索马里法院体系的建议

联合国秘书长关于索马里海盗问题特别法律顾问杰克·朗于2011年向安理会提交了报告，呼吁在邦特兰和索马里兰设立两个专门法庭，在坦桑尼亚的阿鲁沙设立一个专门的索马里法院。这个由三部分组成的法院系统应适用索马里法律，但需要在联合国毒品和犯罪问题办公室的主持下，以及与索马里过渡联邦政府与邦特兰和索马里兰的有关部门的合作下，对索马里法律进行改革。②

3. 挑战

无论走哪条路，执行这些建议都需要相当大的政治决心和财政支出，并将产生多方面的法律影响。联合国秘书长在其报告中指出，解决海盗问题的新司法机制的运行条件，必须不同于现有联合国和联合国协助法庭的运行条件。这种机制将面临持续的犯罪活动和大量案件，并且完成日期不可预测。

---

① UN Doc. S/2010/394, 26 July 2010.
② UN Doc. S/PV. 6473, 25 January 2011.

# 第七章
# 海上捕获和禁运行动

捕获法和禁运法是基于和平时期的国际公法制定的,尤其是平时海洋法。捕获法和禁运法的渊源是1856年的《巴黎宣言》,至今仍是现代人道主义法和海上武装冲突法的组成部分。

本章第一部分首先介绍了这两部法的历史演变,并特别指出《巴黎宣言》废止了私掠行为,规定中立船和敌船之间的区别,为捕获和没收行为提供了法律基础。第二部分主要探讨仅适用于民用船舶、飞机和货物的捕获法和禁运法,并详细阐述相关定义,而后重点讨论了登临、搜查和转移权利及其条件,概述了捕获和没收的条件以及在遇到抵抗时的法律后果。本章最后一部分讨论了捕获法院程序问题。

## 一、捕获法和禁运法简介

海洋法是国际公法中较早的组成部分,其最早元素甚至可以追溯到古希腊时期。[1] 平时海洋法的核心原则是海洋自由,最早于1609年由格劳秀斯在其《海洋自由论》中提出。[2] 今天的平时海洋法旨在平衡各国利益。[3] 随着各国对海洋的军事利用不断多元,即使在平时,各国都不遗余力地维护其海上军事力量和利益,平时海洋

---

[1] Vitzthum W (2006) Kapitel 1. Begriff, Geschichte und Rechtsquellen des Seerechts. In: Vitzthum W (ed) Handbuch des Seerechts. C. H. Beck, München, para 11 - 13.

[2] Heintschel von Heinegg W (ed) (1995b) Visit, search, diversion and capture. In: Bochumer Schriften zur Friedenssicherung und zum Humanitären Völkerrecht, vol 24. UVB, para 6.

[3] Vitzthum W (2006) Kapitel 1. Begriff, Geschichte und Rechtsquellen des Seerechts. In: Vitzthum W (ed) Handbuch des Seerechts. C. H. Beck, München, para 6.

法自然会涉及各类军事问题。鉴于此，海战法在形成过程中也不得不以平时海洋法为基础。①

海战法的功能之一是平衡海洋自由，如中立国的核心利益与交战方的利益。中立国持续开展国际贸易的权利是海洋自由的重要方面。而与此同时，交战方显然不希望对手从事任何国际贸易或得到任何援助。② 海战法通过捕获法和禁运法解决了这一问题。

二战后，尽管捕获法和禁运法在海战法中发挥的作用很小，③ 在法律文献中也没有重点论及，但其涉及战时国家的正当法律权利，因此有必要加以研究。

## 二、捕获和禁运的定义

谈到战争法，人们一般会把注意力放到交战和破坏的权利上。陆上武装冲突法对所谓的经济战没有清楚的定义。④但是，在海战法中，"经济战"有广泛的传统。经济战是海战法的一部分，有自己特定的规则。经济战的方式方法包括封锁、登临、搜查、指挥船机航向，以及捕获和没收船机及其货物。⑤

捕获法涉及捕获的方方面面、前提条件及后果。禁运法主要处理运往敌方的、可用于支持敌方战争的货物。⑥二者之间密切相关。

---

① Kraska J（2015）Military operations. In：Rothwell DR, Elferink AGO, Scott KN, Stephens T（eds）The Oxford handbook of the law of the sea. OUP, Oxford, p. 875.

② Kraska J（2012）Prize law. In：Wolfrum R（ed）Max Planck encyclopedia of public international law. OUP, Oxford, para 2.

③ Heintschel von Heinegg W（ed）（1995b）Visit, search, diversion and capture. In：Bochumer Schriften zur Friedenssicherung und zum Humanitären Völkerrecht, vol 24. UVB, p. 493.

④ Lowe I, Tzanakopoulos A（2013）Economic warfare. In：Wolfrum R（ed）Max Planck encyclopedia of public international law. OUP, Oxford, para 1.

⑤ Heintschel von Heinegg W（ed）（1995b）Visit, search, diversion and capture. In：Bochumer Schriften zur Friedenssicherung und zum Humanitären Völkerrecht, vol 24. UVB, p. 482.

⑥ Schaller C（2015）Contraband. In：Wolfrum R（ed）Max Planck encyclopedia of public international law. OUP, Oxford 242 M. Schulz, para 1.

## 三、历史回顾[①]

中立概念最早可追溯到公元12世纪。[②]但在接下来的几个世纪里，对私掠行为的普遍接受阻碍了中立概念的发展。从16—19世纪，海上力量视私掠为合法行为。各国政府通过发布船只武装特许证，授权海盗船武装为军舰去攻击敌人。鉴于私掠者的特殊地位，其行动按理说应当受到海战法制约，况且当时已经有了中立概念，中立船不是合法目标。[③]但中立船概念在当时存在一个致命弱点，即私掠者一般是为了增加收入而兼职做海盗，他们一般不会在乎中立原则。而如果私掠者违反了海战法，政府常常会以其不是正规军队为借口而推脱责任。[④]

1856年《巴黎会议关于海上若干原则的宣言》[⑤]（《巴黎宣言》）拉开了现代海战法的序幕。[⑥] 在《巴黎宣言》之前，私掠被广泛认作合法行为。《巴黎宣言》的签约国都十分清楚，"战时的海战法一直饱受争议"。在英法联盟对俄国的克里米亚战争中，英法希望继续与中立的斯堪的纳维亚国家开展贸易，因此分别发布宣言禁止私掠行为，这可以被视为早期捕获法和禁运法的雏形。尽管这些宣言原本只限于克里米亚战争期间（1853—1856年），但巴黎和平会议最后通过了《巴黎宣言》，明确指出：

（1）废除私掠船制度。

（2）除战时禁运品外，禁止拿捕悬挂中立国旗帜的船舶上的敌

---

[①] Detailed on the history of prize law and with a variety of further sources Heintschel von Heinegg (1995b), pp. 2 - 4.

[②] Regarding the development of the law of naval warfare Wehberg (1915), pp. 15 - 18.

[③] Bederman DJ (2009) Privateering. In：Wolfrum R (ed) Max Planck encyclopedia of public international law. OUP, Oxford, paras 1 - 3.

[④] Bederman DJ (2009) Privateering. In：Wolfrum R (ed) Max Planck encyclopedia of public international law. OUP, Oxford, para 4.

[⑤] Paris Declaration (1856), pp. 89 - 90.

[⑥] Heintschel von Heinegg W (ed) (1995b) Visit, search, diversion and capture. In：Bochumer Schriften zur Friedenssicherung und zum Humanitären Völkerrecht, vol 24. UVB, p. 2.

国货物。

（3）除战时禁运品外，禁止拿捕悬挂敌国旗帜的船舶上的中立国货物。①

起初，只有7个国家签署了宣言，但最后有51个国家成为签约国，包括许多当时主要海上大国。一些非签约国，如美国也宣称遵守宣言的条款。所以该宣言毫无疑问获得了习惯国际法的地位。②

1907年通过的两部海牙公约将捕获法和禁运法纳入其中。《海牙第六公约》③（关于战争开始时敌国商船地位公约）没有得到遵守，事实上已被视作无效。④《海牙第十一公约》（关于海战中限制行使捕获权公约）⑤得到普遍遵守，其适用范围已延伸至飞机。⑥该公约主要处理三个问题：第一章关于邮政通信，但并没有发展为习惯国际法；⑦第二章关于免受拿捕的船舶；第三章关于交战国捕获的敌国商船船员的规定，在某种程度上已成为习惯国际法。⑧

1909年，伦敦会议通过了《伦敦宣言》，⑨旨在加强对中立商船的保护。⑩但该宣言从未生效。尽管如此，其中一些条款被第一次世

---

① Roberts A, Guelff R (eds) (2000) Documents on the law of war, p. 47.
② Roberts A, Guelff R (eds) (2000) Documents on the law of war, p. 47.
③ Hague VI(1907).
④ Heintschel von Heinegg W (ed) (1995b) Visit, search, diversion and capture. In: Bochumer Schriften zur Friedenssicherung und zum Humanitären Völkerrecht, vol 24. UVB, p. 486.
⑤ Hague XI(1907).
⑥ Heintschel von Heinegg W (ed) (1995b) Visit, search, diversion and capture. In: Bochumer Schriften zur Friedenssicherung und zum Humanitären Völkerrecht, vol 24. UVB, pp. 485 – 486.
⑦ Tucker RW (1957) The law of war and neutrality at sea. US Government Printing Office, Washington, DC, pp. 90 – 91.
⑧ Roberts A, Guelff R (eds) (2000) Documents on the law of war, pp. 119 – 120.
⑨ London Declaration(1909).
⑩ Heintschel von Heinegg W (ed) (1995b) Visit, search, diversion and capture. In: Bochumer Schriften zur Friedenssicherung und zum Humanitären Völkerrecht, vol 24. UVB, p. 486.

界大战中的一些大国所采纳,[①] 今天仍被视作习惯国际法。[②] 这些条款主要用于规范财产的转移。当时，财产转移已不能伴随财产的夺取而发生，要经过捕获法院判决才能确定。[③]

1913年，国际法研究院审定通过了《牛津手册》，对海战法进行了重述,[④] 对交战方摧毁被捕敌船的权利进行了严格限制。《牛津手册》第104条指出："除非船只被征用和由于特殊的必要性，不允许交战方摧毁被捕敌船。这种特殊必要性一般出于被捕船的安全考虑或战争行动需要。在摧毁船只之前，所有船上人员必须被置于安全地点，船上的文件也必须被带上军舰，只要相关方认为这些文件可以帮助确定捕获的有效性。同样的规则也应尽量适用于货物。"根据《牛津手册》第110条，"捕获敌船和货物的合法性必须由捕获法庭来确定。"《牛津手册》第113条规定，"如果捕获法庭认为对船只或货物的捕获是非法的，那么相关责任国应对自己的错误行为做出赔偿。"因此，保证船上文件的安全是十分必要的。

第一次世界大战期间，各国普遍忽视了这些规则。[⑤] 一个典型案例就是无限潜艇战。鉴于此，战后各国把重点放在对潜艇战的法律限制上,[⑥] 其中最显著的成果当属1936年的《伦敦议定书》。[⑦] 其核心条款（第二条）规定："除非商船在喊话后持续拒绝停下、或主

---

[①] Kraska J (2012) Prize law. In: Wolfrum R (ed) Max Planck encyclopedia of public international law. OUP, Oxford, para 19.

[②] Kraska J (2015) Military operations. In: Rothwell DR, Elferink AGO, Scott KN, Stephens T (eds) The Oxford handbook of the law of the sea. OUP, Oxford, para 14.

[③] Heintschel von Heinegg W (ed) (1995b) Visit, search, diversion and capture. In: Bochumer Schriften zur Friedenssicherung und zum Humanitären Völkerrecht, vol 24. UVB, pp. 487-488.

[④] Ronzitti N (2009) Naval warfare. In: Wolfrum R (ed) Max Planck encyclopedia of public international law. OUP, Oxford, para1.

[⑤] Heintschel von Heinegg W (ed) (1995b) Visit, search, diversion and capture. In: Bochumer Schriften zur Friedenssicherung und zum Humanitären Völkerrecht, vol 24. UVB, pp. 366-367.

[⑥] Heintschel von Heinegg W (ed) (1995b) Visit, search, diversion and capture. In: Bochumer Schriften zur Friedenssicherung und zum Humanitären Völkerrecht, vol 24. UVB, pp. 366-368.

[⑦] London Protocol(1936).

动抵抗登临或检查，军舰（无论是水面舰船或潜艇）在把乘客、船员和文件放置于安全地点之前，不得击沉商船或使其失去航行能力。"

尽管如此，二战中，在毫无预警的情况下、或没有把船员和乘客安置到安全地点的情况下就击沉敌方商船，仍是交战各方的常见做法。① 因盟军建议其商船通报德国军舰位置甚至撞击德舰，德国随即采取将其击毁的报复措施。在纽伦堡审判中，对德海军上将邓尼兹的判决也受到这一事实的影响，他也因此未被判为战争犯。②

## 四、当代国际公法

1982年《联合国海洋法公约》③ 与今天的平时海洋法和海战法密切相关。该公约明确了平时海洋法的核心原则，广泛地反映了习惯国际法，有些非签约海洋大国也实际遵守公约的规定，比如世界最强的海上力量——美国。④

海战法只适用于武装冲突发生之后。与平时法相比，海战法有多重渊源，但主要是源自习惯国际法，⑤如1994年由著名海洋法和人道主义法律专家编纂的《圣雷莫国际海上武装冲突法手册》(《圣雷莫手册》)⑥。海战法主要基于平时海洋法，用于武装冲突发生后调整各方关系。⑦捕获法和禁运法是武装冲突的一部分，所以必须在平

---

① Roach JA (2000) The law of naval warfare at the turn of two centuries. Am J Int Law, p. 70; Heintschel von Heinegg W (ed) (1995b) Visit, search, diversion and capture. In: Bochumer Schriften zur Friedenssicherung und zum Humanitären Völkerrecht, vol 24. UVB, p. 488.

② Ronzitti N (2009) Naval warfare. In: Wolfrum R (ed) Max Planck encyclopedia of public international law. OUP, Oxford, para 14.

③ UNCLOS(1982).

④ Harris DJ (2004) Cases and materials on international law. Sweet & Maxwell, London, pp. 382–384.

⑤ Bothe M (2013) Friedenssicherung und Kriegsrecht. In: Vitzthum W, Proelß A (eds) Völkerrecht, para 84.

⑥ San Remo Manual(1995).

⑦ Kraska J (2015) Military operations. In: Rothwell DR, Elferink AGO, Scott KN, Stephens T (eds) The Oxford handbook of the law of the sea. OUP, Oxford, p. 875.

时和战时海洋法的框架内进行研究。

## （一）武装冲突的存在

人道主义法的适用是捕获法和禁运法适用的前提，因此这两部法律都是在武装冲突发生后才可适用。① 在今天以及可预见的未来，这两部法只在（最少两国）国家之间的武装冲突中适用。之所以不考虑适用于人道主义法的国家行为体和非国家行为体之间的武装冲突，主要有两个具体原因：一是缺乏相关手段，一般没有哪个非国家行为体有能力行使相应权利；二是没有明文法律或习惯法把现有的海战法延伸至国家和非国家行为体之间的权利和义务。正如《圣雷莫手册》第一条规定，在海上从武装冲突各方开始使用武力的那一刻起，各方就受到国际人道主义法原则和规则的约束。②

## （二）海战区域

海战法适用哪些区域？③《联合国海洋法公约》的平时规则为此提供了一个基础框架。《联合国海洋法公约》对陆地领土（第2条）、内水（第2条和第8条）、领海（第2条）、毗连区（第33条）、专属经济区（第55条）以及公海（第86条）的不同权利和义务做出了相关定义。

1. 陆地领土、内水和领海

交战区的范围包括陆地领土和内水，事实上包括了一国领海基线朝陆地方向的一切范围。④根据《联合国海洋法公约》规定，沿海

---

① Extensively on the beginning and termination of an armed conflict Dinstein (2005), pp. 30–32.

② Kleffner JK (2014) Scope of application of international humanitarian law. In: Fleck D (ed) The handbook of international humanitarian law. OUP, Oxford, paras 1201–1203.

③ Extensively on the area of an armed conflict at sea Heintschel von Heinegg (1995a), pp. 196–198.

④ Heintschel von Heinegg W (ed) (1995b) Visit, search, diversion and capture. In: Bochumer Schriften zur Friedenssicherung und zum Humanitären Völkerrecht, vol 24. UVB, p. 213.

国的主权延伸至领海范围以及领海上空，还包括其海床和底土。在《联合国海洋法公约》第 3 条的规范下，领海的宽度由各国自行确定。

如果领海所属沿海国不是武装冲突中的任何一方，根据《联合国宪章》① 第 2 条第 4 款中规定的习惯国际法，以及《关于中立国在海战中的权利和义务公约》② （1907 年《海牙第十三公约》）第 1 条，交战方有义务尊重中立国主权。首先，交战方不得在中立国领海内开展任何海战行动，也不得破坏其领土完整。③ 有一种例外情况，即中立国允许交战一方在中立国领土上建立和使用军事基地。④ 但在这种情况下，中立国就失去了中立地位，其影响不在本文讨论范围内。

2. 公海、专属经济区和大陆架

《联合国海洋法公约》第 87 条第 1 段规定了一系列公海自由，其中最重要的是航行和飞越自由，这在专属经济区内同样适用，但其他公海自由不能适用于专属经济区。⑤ 在公海及专属经济区，没有关于交战方开展敌对活动的区域限制。另外，交战方的活动不限于任何禁区，⑥ 即便这些禁区在海上实践中被频繁使用。⑦

3. 海战战场

《圣雷莫手册》第 10 条规定，战场的组成包括交战国的陆地领土、内水、领海、专属经济区、大陆架，以及群岛水域。交战行为

---

① UN Charter(1945).
② Hague XIII(1907).
③ Heintschel von Heinegg W (ed) (1995a) Visit, search, diversion and capture. In: Bochumer Schriften zur Friedenssicherung und zum Humanitären Völkerrecht, vol 24. UVB,, pp. 197 – 198.
④ Heintschel von Heinegg W (ed) (1995b) Visit, search, diversion and capture. In: Bochumer Schriften zur Friedenssicherung und zum Humanitären Völkerrecht, vol 24. UVB, p. 198.
⑤ Treves T (2009) High seas. In: Wolfrum R (ed) Max Planck encyclopedia of public international law. OUP, Oxford, para 10.
⑥ Dinstein Y (2010) The conduct of hostilities under the law of international armed conflict, 2nd edn. CUP, Cambridge, pp. 227 – 229.
⑦ On the various aspects of possible zones in naval warfare Heintschel von Heinegg (2015b).

可以在各自领海或领土上进行。中立国的专属经济区和大陆架也可能成为战场的一部分，其中交战方应遵守《圣雷莫手册》第34条的规定义务，即适当照顾沿海国的权利和义务。《圣雷莫手册》第12条规定了一般规则，即如果在中立国享有主权权利、管辖权或其他一般国际法所规定权利的区域内开展行动时，交战方必须适当顾及这些中立国的合法权利和义务。

尽管中立国享有特殊地位，但也负有相应的义务。中立国必须避免做出任何损害其中立地位的行为。当然，中立方有权加入交战方，但其中立地位也随即改变。

## （三）捕获法和禁运法的适用对象

在确定完前提条件后，还需确定捕获法和禁运法的适用对象。

平时海洋法赋予了军舰和国有船只某些控制权利。比如，军舰和国有船只可以根据《海洋法公约》第105、110、111条规定逮捕海盗船，或在某些条件下登临和紧追其他船只。[①] 尽管战时和平时的权利有相似之处，但平时权利绝不能与战时的捕获法和禁运法相混淆。不同的权利有不同的国际公法渊源，只能适用于各自的法律领域。

根据捕获法，武装冲突期间捕获第三方的私有财产是合法的。特定条件下，这些私有财产转化为捕获者的财产也是合法的。一般可以在任何时候捕获敌方的商船，但中立国商船只有在运输禁运品时才可被捕获。[②] 不过由于国家实践不一致，很难清晰定义什么是禁运品。

### 1. 民用目标

由于捕获法和禁运法只针对民用目标，所以需要做出一定区分。

捕获法不能适用于合法的军事目标。尽管如此，为了区分清楚，必须简要解释一下"合法军事目标"。海战中"军事目标"的定义

---

[①] Regarding these aspects see Fink (2010), pp. 7–45.

[②] Schaller C (2015) Contraband. In：Wolfrum R (ed) Max Planck encyclopedia of public international law. OUP, Oxford 242 M. Schulz, para 3.

与陆战中人道主义法对军事目标的定义相呼应。《日内瓦公约第一附加议定书》(API)对此下的定义可以作为习惯国际法适用于海战法。根据 API 的规定和《圣雷莫手册》第 40 条的规定，就物体而言，军事目标限于其性质、位置、目的或使用对军事行动能产生积极效能，且在当时具体情况下对其全部或部分毁坏、捕获、废止，能产生确定的军事利益的目标。① 摧毁这类目标在原则上是合法的。对可以现场击沉的合法目标，采取捕获或指挥航向等比摧毁烈度更低的措施，是合法的"降级"措施。从定义上说，军舰是合法军事目标，可以被当场攻击和作为战利品捕获，② 不需要采取任何进一步措施，就可成为捕获者一方使用的军舰。③但捕获者须保证被捕舰船符合《联合国海洋法公约》第 29 条对军舰的定义标准。在更换军舰旗帜，以及修改相应军舰标志后，捕获者才可将被捕军舰为己所用。

　　第二个需要区分的是战利品和捕获物。战利品可以是属于敌国的任何可移动的公共财产，甚至包括非军事性质的财产。根据习惯国际法，在战场上捕获的此类财产自动归捕获一方所有。④ 根据《关于发生武装冲突时保护文化财产的公约》(《保护文化财产公约》)第 14 条规定，文化财产享有免于被捕获的权利。⑤

　　这就引出了一个问题：何种情况下一艘船舶不被视作军舰？为了明确这一问题，需要先定义何为目标的民用属性，这里还需适用区分原则。关于民用船的定义是一种被动式定义，即国际法中的

---

① 任筱峰、杨晓青译：《圣雷莫海上武装冲突国际法手册》，海潮出版社 2003 年版，第 23 页。

② Tucker RW (1957) The law of war and neutrality at sea. US Government Printing Office, Washington, DC, pp. 104–105; Dinstein Y (2010) The conduct of hostilities under the law of international armed conflict, 2nd edn. CUP, Cambridge, p. 247.

③ Dinstein Y (2010) The conduct of hostilities under the law of international armed conflict, 2nd edn. CUP, Cambridge, pp. 247–248.

④ Dinstein Y (2010) The conduct of hostilities under the law of international armed conflict, 2nd edn. CUP, Cambridge, pp. 247–248.

⑤ Article 14 Cultural Property Convention(1954).

"商船"是有别于军舰和国有船舶的船。①《圣雷莫手册》第13条规定,"商船"指既非军舰或辅助船舶,又非诸如海关船或警务船等国家船舶,从事商业或私人服务目的的船舶。② 因此商船不享有国有船舶在平时所享有的豁免权。在战时,商船是《圣雷莫手册》第41条规定的民用目标。总之,中立船舶以及敌国商船被认作是民用目标,因此一般可以免受攻击。③

2. 船机的中立或敌对性质

只有在少数特定情况下,中立船属于捕获法的管辖范围。④ 商船和飞机在具有敌性的情况下可以被捕获。虽然这种情况较难确定,但却是问题的关键。目前没有关于中立商船的主动式定义,所有不被认作是敌船的商船都可被视作中立船。⑤ 这为船旗国提供了一个原则。一般情况下,船舶的性质由其悬挂的旗帜决定,这点在1909年的《伦敦宣言》第57条第1段、《德军手册》以及《武装冲突中的人道主义法手册》⑥ 中都有明文规定。这些规定确立了船旗国原则。《圣雷莫手册》第112条规定,商船悬挂敌国旗帜或民用飞机配置敌国标志是其敌性的决定性证据。⑦

《圣雷莫手册》第113条规定,商船悬挂中立国旗帜或民用飞机

---

① Lagoni R (2011) Merchant ship. In: Wolfrum R (ed) Max Planck encyclopedia of public international law. OUP, Oxford, para 4.

② 任筱峰、杨晓青译:《圣雷莫海上武装冲突国际法手册》,海潮出版社2003年版,第9页。

③ Dinstein Y (2010) The conduct of hostilities under the law of international armed conflict, 2nd edn. CUP, Cambridge, p. 112.

④ Heintschel von Heinegg W (ed) (1995b) Visit, search, diversion and capture. In: Bochumer Schriften zur Friedenssicherung und zum Humanitären Völkerrecht, vol 24. UVB, p. 33.

⑤ Heintschel von Heinegg W (ed) (1995b) Visit, search, diversion and capture. In: Bochumer Schriften zur Friedenssicherung und zum Humanitären Völkerrecht, vol 24. UVB, p. 33.

⑥ Bundesministerium der Verteidigung (2013), para. 1026; Heintschel von Heinegg W (ed) (1995b) Visit, search, diversion and capture. In: Bochumer, p. 6.

⑦ 任筱峰、杨晓青译:《圣雷莫海上武装冲突国际法手册》,海潮出版社2003年版,第207页。

· 第七章　海上捕获和禁运行动 ·

标有中立国标识是其中立性的初步证据。① 但这种证据值得商榷。根据《德国捕获条例》第6条第1段第2句，如果船舶没有权利悬挂相应的旗帜，那么船主的国籍将成为决定性因素，但这也是诸多因素之一。《圣雷莫手册》第117条提出了敌性可以通过登记、所有权、租用或其他标准确定。② 船只注册的首要合法证据就是船舶的文件。③ 在船舶的中立属性或敌性问题上，船主很可能尽力把船舶注册到中立国旗帜下，以躲避敌性带来的不利影响，这点值得关注。

根据《伦敦宣言》第55条，在敌对冲突爆发前，将敌船转移至中立国旗下是有效的，除非能够证明这种转移的目的是为了掩盖敌船性质，以避免相应后果。但《伦敦宣言》第55条假定，如果船舶的出售契据不在船上，并且船只在冲突爆发之前不到60天内才失去敌对国身份，那么这种转移则是无效的。但这个假定可以商榷。本文认为如果转移发生在冲突前超过30天则是有效的，其前提是这种转移无条件地、完全符合相关国家的法律，并且转移行为改变了船舶的控制方和由此产生的利益获得方。④

在冲突爆发后，把敌国旗下船舶转移至中立国旗下是不可能的，也是无效的，除非根据《伦敦宣言》第56条，能够证明这种转移并不是为了逃避由其敌船性质带来的后果。如果这种转移是在航行途中或被封锁的港口中完成，卖主有购回船舶的权利，或者没有达到悬挂该国旗帜的国内法要求，则转移无效。⑤ 这时，关于证明转移行为发生在冲突爆发前的责任就从交战方转至相关中立方。⑥

---

① 任筱峰、杨晓青译：《圣雷莫海上武装冲突国际法手册》，海潮出版社2003年版，第209页。

② 任筱峰、杨晓青译：《圣雷莫海上武装冲突国际法手册》，海潮出版社2003年版，第213页。

③ Heintschel von Heinegg W (ed) (1995b) Visit, search, diversion and capture. In: Bochumer, p. 10.

④ Article 52 para. 1 and 2 Oxford Manual (1913) are almost equally – worded to Article 55 London Declaration(1909).

⑤ Article 52 para. 3 Oxford Manual (1913) are almost equally – worded to Article 55 London Declaration(1909).

⑥ Heintschel von Heinegg W (ed) (1995b) Visit, search, diversion and capture. In: Bochumer, p. 11.

法国将《伦敦宣言》第55、56条纳入其《1912年12月9日训令》中。①《德国捕获法令》第7条与《伦敦宣言》第55条部分相同。尽管如此，应注意到《伦敦宣言》从未正式生效。"1909年《伦敦宣言》可被视作是协调各国实践中分歧的一次尝试，但却没能成功建立被普遍接受的国际法规则。"《圣雷莫手册》也不是面面俱到的。德国2013年版的《武装冲突中的人道主义法手册》也支持这种观点，认为《伦敦宣言》中部分规则（如第57条）可被视作习惯国际法，但第55、56条却不能。德国《武装冲突中的人道主义法手册》中的法律论证部分的基础是《德国捕获法令》。② 因此，《伦敦宣言》第55、56条只能被视作指导原则。

最后，必须指出，确定某商船的敌船属性必须具体情况具体分析。《伦敦宣言》第55、56条提到了在敌对冲突爆发前后很短时间内更改旗帜的可疑情况，这提供了指导意见，但不代表习惯国际法。

3. 货物的敌性或中立属性

货物的敌性要比船舶的敌性更难评估。一般规则是将商船的性质与其所载货物的性质捆绑在一起。根据《伦敦宣言》第59条，如果没有证据证明敌船上货物的中立属性，③ 则认定其为敌国货物。但这种让货物的拥有者承担举证责任的做法也值得商榷。④ 这种情况在一战和二战期间的捕获法庭上都出现过。⑤

（四）登临、检查、改航和拿捕的权利

武装冲突期间，在某些特定情况下，各国有权对商船进行登临、检查、要求改航、拿捕和定罪。下面将介绍具体条件和情况。

---

① Heintschel von Heinegg W (ed) (1995b) Visit, search, diversion and capture. In: Bochumer, p. 12.
② Bundesministerium der Verteidigung (2013), para 1027.
③ According to Schaller (2015), para 19 "the enemy or neutral character of goods carried on board an enemy merchant ship is determined by the enemy or neutral character of their owner".
④ Colombos (1963), para 774; Heintschel von Heinegg W (ed) (1995b) Visit, search, diversion and capture. In: Bochumer, p. 13.
⑤ Heintschel von Heinegg W (ed) (1995b) Visit, search, diversion and capture. In: Bochumer, p. 13.

· 第七章　海上捕获和禁运行动 ·

1. 登临、检查、改航、拿捕和定罪的行使权

《圣雷莫手册》第118条规定，交战国军舰和军用飞机行使其在国际海上武装冲突中的法律权利，当有合理理由怀疑商船是被拿捕对象时，在中立水域之外有权登临和检查商船。[①] 这种权利衍生自国家主权，因此只有国家力量可以行使这种权利，这已成为国际习惯法。[②]

《联合国海洋法公约》第29条对军舰的定义适用于平时和战时："军舰"是指"属于一国武装部队、具备辨别军舰国籍的外部标志、由该国政府正式委任并名列相应的现役名册或类似名册的军官指挥和配备有服从正规武装部队纪律的船员的船舶"。基于对军舰的定义，军机在习惯国际法中的定义是：属于一国武装部队、具备辨别军机国籍的外部标志、由该国武装部队的一名成员指挥，以及配备有服从正规武装部队纪律的机组成员的飞机。[③] 无人机属于军机的范畴，但无人水上航行器不属于军舰。[④] 军机的天然特点使其难以执行登临和检查行动，因此只能采取改航至港口的措施。如果有一天无人水上航行器被定义为军舰，那也将面临相似的问题。军用直升机一般被认作军机，因其可以使用舰船（军舰）作为平台，在登船行动中经常被使用。

捕获法和禁运法允许交战方核实船舶及其所载货物的非敌国属性。[⑤] 由于商船不拥有衍生自船旗国主权的权利，因此无权对其他船舶进行登临、搜查或攻击。如果商船对敌国的公私船舶采取此类行

---

① 任筱峰、杨晓青译：《圣雷莫海上武装冲突国际法手册》，海潮出版社2003年版，第53页。

② Tucker RW (1957) The law of war and neutrality at sea. US Government Printing Office, Washington, DC, p. 333; Oppenheim L, Lauterpacht H (1952) International law, vol II, 7th edn. Longmans, Green & Co., London, p. 848.

③ Program on Humanitarian Policy and Conflict Research at Harvard University (2009), Rule 1(x).

④ Schulz M (2014) Autonomie zur See. In: Frau R (ed) Drohnen und das Recht. Mohr Siebeck, Tübingen, pp. 115–116; different: von Schmeling (2014), pp. 242–243.

⑤ Kraska J (2012) Prize law. In: Wolfrum R (ed) Max Planck encyclopedia of public international law. OUP, Oxford, para 6.

127

动，则将被视作海盗船处理。①

2. 登临、检查和改航

《圣雷莫手册》第118条并没有区分敌国商船和中立商船。毫无疑问，敌船可以被登临和检查，甚至初步看来，敌国商船在没有接受登临和检查的情况下就可以被拿捕。②

《圣雷莫手册》第125条的用词与《空战和导弹战国际人道法手册》第134条相似，后者是由哈佛大学"人道主义政策和冲突研究"项目的法律专家所撰写。两部手册都在以下方面编纂了习惯国际法：为了证实飞机的身份而对其实施拦截后，③ 如果还有合理证据怀疑应拿捕一架民用飞机，敌方军机有权命令该民用飞机继续飞行至敌方机场，以便登临和检查。敌方机场应满足某些条件，如适合该飞机安全着陆。④ 如果条件不符，则可以选择改航。

改航是登临和搜查的一种替代方式，《圣雷莫手册》第119条规定交战方可以让中立商船改航。《圣雷莫手册》第126条规定可以让民用飞机改航，并指出改航前需要中立商船或民用飞机的主人表示同意。交战方选择这种方式可以阻止中立商船为敌国战争服务。中立商船可以避免因登临、检查甚至拿捕而带来的不便。在双方都同意的情况下，这个规定一般可以达到双赢的局面。《圣雷莫手册》第126条还规定，对于敌方民用飞机，在令其改航前无需获得其同意。

在任何情况下，单独航行的中立商船可以被登临和检查。⑤ 有一

---

① Oppenheim L, Lauterpacht H（1952）International law, vol II, 7th edn. Longmans, Green & Co., London, p. 467.

② Colombos CJ（1963）Internationales Seerecht, German edn. C. H. Beck, München, para 883; Heintschel von Heinegg W（ed）（1995b）Visit, search, diversion and capture. In: Bochumer, p. 17.

③ Program on Humanitarian Policy and Conflict Research at Harvard University（2009）, Rule 134, para 1.

④ Program on Humanitarian Policy and Conflict Research at Harvard University（2009）, Rule 134, para 2.

⑤ Kraska J（2012）Prize law. In: Wolfrum R（ed）Max Planck encyclopedia of public international law. OUP, Oxford, para 6.

个例外，即《圣雷莫手册》第 120 条所规定的情况：如果中立国商船驶向中立国港口，并且由与商船具有同一国籍的中立国军舰或与该船旗国订有护航协议的中立国军舰伴随护航的情况。[①] 但不能确定《圣雷莫手册》第 120 条是否已经成为习惯国际法。中立国军舰伴随护航的商船可免受检查可能已经成为一种趋势，因为相关规范在一些条约中都有体现，比如《伦敦宣言》第 61、62 条，以及《德国捕获条例》第 34 条。尽管如此，从 1916 年开始，英国一致支持护航下的中立商船可以被登临和检查的观点，正因如此，相反的国家实践阻碍了相关国际公法的建立。[②]《圣雷莫手册》第 127 条对飞机做出了相似的规定。但要确定海军舰船的属性比较困难，所以要明确《圣雷莫手册》第 127 条所规定的内容也不容易。

《圣雷莫手册》第 121 条规定，如果在海上登临和检查不可行或者不安全，交战国军舰或军用飞机可以使商船改航至适当海域或港口，以行使登临和检查权利。[③] 从现代海战的最新发展看，这项规则的重要性日益明显。飞机、水下潜艇和无人水上航行器可以被用作改航船舶，但却无法执行登临和检查的行动。[④] 浮出水面的潜艇极易成为被攻击目标。[⑤] 如果长时间与可疑商船保持近距离将增加被攻击的危险，这对普通军舰[⑥]而言也是如此，因为军舰的防御战略之一就是保持行进。考虑到这些因素，多数国家一般都让可疑商船改航至

---

[①] 任筱峰、杨晓青译：《圣雷莫海上武装冲突国际法手册》，海潮出版社 2003 年版，第 219 页。

[②] Heintschel von Heinegg W (ed) (1995b) Visit, search, diversion and capture. In: Bochumer, p. 18.

[③] 任筱峰、杨晓青译：《圣雷莫海上武装冲突国际法手册》，海潮出版社 2003 年版，第 221 页。

[④] Schulz M (2014) Autonomie zur See. In: Frau R (ed) Drohnen und das Recht. Mohr Siebeck, Tübingen, p. 114.

[⑤] Ronzitti N (2009) Naval warfare. In: Wolfrum R (ed) Max Planck encyclopedia of public international law. OUP, Oxford, para 14.

[⑥] Heintschel von Heinegg W (ed) (1995b) Visit, search, diversion and capture. In: Bochumer, p. 19.

港口，以便在港口对其拘留和检查。① 在这种情况下，商船的改航是为了在安全地点接受登临和检查，所以商船有义务服从改航要求。②

3. 监督措施

对中立商人而言，改航和拘留都会造成巨大的财政损失。③ 而交战方面临两种选择：一是允许货物进入中立港口，其中部分货物必然会到达敌国手中；二是严格控制这类贸易，这就可能干涉了合法的中立贸易。④ 另外，必须指出登临和检查的行动极其复杂。这需要大量和持续的人员组织和培训工作。因此，《圣雷莫手册》提出了监督措施，以减少登临和检查行动对双方带来的不利影响。阻止中立方和交战方之间冲突的最成功做法当属一战期间"准运证"的执行。在港口对货物检查并核实其性质后，便发放相关证书。⑤ 这种机制沿用至二战，并扩展至所谓的"船舶保证书"。船舶的主人或租船人与伦敦的战争运输部签署一份协议，确认不运载禁运品或参与任何支持敌国战争的贸易后，船舶可获得所谓的"船舶保证书"。⑥ 最后，这些机制奠定了《圣雷莫手册》第122条的基础："为了避免登临和检查的必要，交战国可以制订合理的措施，以检查中立商船的货物并认定该船没有运载禁运品。"⑦ 现在，依据各类军事手册执行认证

---

① Heintschel von Heinegg W (ed) (1995b) Visit, search, diversion and capture. In: Bochumer, p. 20.

② Doswald-Beck L (ed) (1995) Commentary on the San Remo manual on international law applicable to armed conflicts at Sea. Cambridge University Press, Cambridge, p. 199.

③ Tucker RW (1957) The law of war and neutrality at sea. US Government Printing Office, Washington, DC, p. 280.

④ Colombos CJ (1963) Internationales Seerecht, German edn. C. H. Beck, München, para 898.

⑤ Colombos CJ (1963) Internationales Seerecht, German edn. C. H. Beck, München, para 782.

⑥ Colombos CJ (1963) Internationales Seerecht, German edn. C. H. Beck, München, para 783.

⑦ 任筱峰、杨晓青译：《圣雷莫海上武装冲突国际法手册》，海潮出版社2003年版，第53页。

机制。① 尽管如此，由于认证没有禁止交战方的登临和检查行动，所以不能确保贸易的畅通无阻。同样，交战一方所发布的认证对另一方而言没有任何效力。②《圣雷莫手册》第 123 条规定："中立国商船服从交战一方的监督措施接受对其货物的检查，以及接受没有运载禁运品的证明的事实，不是对另一交战方的非中立性服务。"③ 德国在其最新版本的手册中遵循了这一观点。④ 相似的认证，即所谓的"空中认证"被民用飞机所引用。⑤《圣雷莫手册》第 132—134 条关于飞机监督的措施与对海军舰船的措施相呼应。

4. 抗拒登临和检查

中立商船有接受登临和检查的法律义务。⑥ 如果中立商船试图抵抗，则将面临法律后果。可能采取的抵抗措施对产生何种后果至关重要。

中立商船使用武力抵抗可引发军舰的自卫权。另外，根据《伦敦宣言》第 63 条，武力抵抗作为一种敌对行动，将导致商船可以被拿捕。⑦ 这已成为习惯国际法。⑧ 仅仅逃避登临和检查的行为并不导致中立商船被拿捕。军舰有权使用充足武力仅仅是用来阻止商船。⑨

---

① Doswald-Beck L (ed) (1995) Commentary on the San Remo manual on international law applicable to armed conflicts at Sea. Cambridge University Press, Cambridge, p. 200; Bundesministerium der Verteidigung (2013), para 1237.

② Doswald-Beck L (ed) (1995) Commentary on the San Remo manual on international law applicable to armed conflicts at Sea. Cambridge University Press, Cambridge, p. 200.

③ 任筱峰、杨晓青译：《圣雷莫海上武装冲突国际法手册》，海潮出版社 2003 年版，第 53 页。

④ Bundesministerium der Verteidigung (2013), para 1237.

⑤ Schaller C (2015) Contraband. In: Wolfrum R (ed) Max Planck encyclopedia of public international law. OUP, Oxford 242 M. Schulz, para 24.

⑥ Ipsen K (2014) Bewaffneter Konflikt und Neutralität. In: Ipsen K (ed) Völkerrecht. C. H. Beck, München, para 9.

⑦ Bundesministerium der Verteidigung (2013), para 1236; Oppenheim L, Lauterpacht H (1952) International law, vol II, 7th edn. Longmans, Green & Co., London, p. 856.

⑧ Oppenheim L, Lauterpacht H (1952) International law, vol II, 7th edn. Longmans, Green & Co., London, p. 856.

⑨ Heintschel von Heinegg W (ed) (1995b) Visit, search, diversion and capture. In: Bochumer, p. 19.

· 海上军事行动法部分重要行动样式研究 ·

与中立商船相反，根据习惯国际法，敌国商船没有义务接受登临和检查，因为登临和检查是拿捕行动的第一步。① 敌船或许拒绝登临和检查，并采取任何手段自我防卫。② 如果可能，敌船甚至击沉或拿捕对其进行攻击的船舶。③ 而敌国商船如果持续故意地抵抗，就必须接收相应的后果，即对船舶和货物的定罪。④ 另外，该船成为合法军事目标，因此可能在没有预先警告的情况下被摧毁。⑤

5. 敌国船机的拿捕

作为习惯国际法规则的《圣雷莫手册》第 135、138 条规定，敌国船舶和货物的拿捕一般在中立水域外进行，⑥ 并且根据《圣雷莫手册》第 141、144 条规定，中立空域以外的敌国民用飞机可作为捕获品进行审判。登临和检查并不是合法拿捕的前提。⑦ 在拿捕者控制船舶后，拿捕过程才算最终完成。⑧

在敌对冲突突然爆发时，停留在交战对方港口的敌国商船也不能免于被拿捕。⑨ 当然，在很多情况下，交战国会留出一定宽限期让敌国商船离开港口。⑩ 但是也有很多国家没有根据《海牙第六公约》（关于战争开始时敌国商船地位公约）制定本国相关的法规。⑪ 一些

---

① Colombos CJ（1963）Internationales Seerecht, German edn. C. H. Beck, München, para 884.
② Oppenheim L, Lauterpacht H（1952）International law, vol II, 7th edn. Longmans, Green & Co., London, p. 467.
③ Colombos CJ（1963）Internationales Seerecht, German edn. C. H. Beck, München, para 884.
④ Heintschel von Heinegg W（ed）（1995b）Visit, search, diversion and capture. In: Bochumer, p. 18.
⑤ Bundesministerium der Verteidigung（2013）, para 1029 – 1030.
⑥ Doswald-Beck L（ed）（1995）Commentary on the San Remo manual on international law applicable to armed conflicts at Sea. Cambridge University Press, Cambridge, p. 205.
⑦ Kraska J（2012）Prize law. In: Wolfrum R（ed）Max Planck encyclopedia of public international law. OUP, Oxford, para 21.
⑧ Colombos CJ（1963）Internationales Seerecht, German edn. C. H. Beck, München, para 903; Kraska J（2012）Prize law. In: Wolfrum R（ed）Max Planck encyclopedia of public international law. OUP, Oxford, para 26.
⑨ Different: Bundesministerium der Verteidigung（2013）, para 1028.
⑩ With examples Oppenheim and Lauterpacht（1952）, pp. 478 – 479.
⑪ Hague VI（1907）.

大国在二战爆发前宣告废除该公约或声明了保留条款。① 在此实践上，显然很多国家认为其可以选择给予宽限期让敌国商船离开港口，但却不一定要这么做。② 在今天的信息传播条件下，船舶在平时离开某一港口、在敌对冲突爆发后由于不知情而进入某一港口的情况是不太现实的。

与一些条约的条款很相似，《圣雷莫手册》第 136 条规定了可免予拿捕的敌国船舶类型。但这些船舶须避免参与敌对活动，③ 否则，根据《圣雷莫手册》第 137 条，如果从事了某些行为，则丧失了受保护地位。以下类型船舶可免予拿捕：

（1）医院船和用于海岸救助行动的小艇。

（2）其他医务运输船舶，只要其为船上的伤者、病者和遇船难者所需要。

（3）根据交战各方之间的协议持有安全通行证的船舶，包括：（i）战俘船，例如指定为何从事战俘运送的船舶；（ii）执行人道主义任务的船舶，包括运载平民之生存所必须的供应品的船只和从事救济活动和救助行动的船舶。

（4）从事运送受特别保护的文化财产的船舶。

（5）负有宗教、非军事性质的科学或慈善任务的船舶，但收集可能有军事用途的科学资料的船舶不受保护。

（6）小型沿海渔船和从事当地沿海贸易的小船，但受在该地区活动的交战方海军指挥官发布的规则限制并服从其检查。

（7）专用于或专门改装用于应对海洋环境污染事件且实际从事此类活动的船舶。④

---

① Heintschel von Heinegg W (ed) (1995b) Visit, search, diversion and capture. In: Bochumer, p. 29.

② Rowson (1947), pp. 167–168.

③ Heintschel von Heinegg W (ed) (1995b) Visit, search, diversion and capture. In: Bochumer, p. 30.

④ 任筱峰、杨晓青译：《圣雷莫海上武装冲突国际法手册》，海潮出版社 2003 年版，第 227—228 页。

目前没有关于敌国邮政船舶免予拿捕的一般规则。[1] 关于敌国飞机也有相应的规则,即医疗飞机和在各方安全行为协议下的飞机可免予拿捕。尽管上述船舶可免予拿捕,但对这些船舶(包括医疗船舶)[2] 的检查仍是合法的。

《圣雷莫手册》第 138 条规定,如果军事情势不允许在海上将该船作为捕获品,为完成拿捕,可迫使其改航到适当海域或港口。[3] 该规定中对拿捕的备选措施只是属于宣布性质。如果交战国之前登临和检查了某敌国商船,并且发现其易于拿捕,却仍允许其从宣布的目的地改航,是自愿放弃行使合法捕获权。

作为例外措施,《圣雷莫手册》第 139 条和第 140 条规定了摧毁和击沉被捕获的敌国商船的权利。只有当军事情势不允许将船舶作为捕获品押送或发送审判的情况下才可行使这一权利。一旦财产转移完成,捕获者有权任意处置船舶。但这种转移的前提是捕获法院做出相关裁决。如果把选择摧毁或发送审判的权利赋予交战方,则可能损害这一原则。[4] 根据《圣雷莫手册》第 139 条,作为例外措施须符合下列标准:

(1) 保证乘客和船员的安全。

(2) 保全有关捕获品的文件和证书。

(3) 如果可能,保存乘客和船员的个人物品。[5]

为严肃对待乘客的安全,则救生艇不能被视作安全地点,除非陆地距离很近,或者有另一艘船能接载乘客。不论何种情况都不允

---

[1] Tucker RW (1957) The law of war and neutrality at sea. US Government Printing Office, Washington, DC, pp. 90 - 92; Oppenheim L, Lauterpacht H (1952) International law, vol II, 7th edn. Longmans, Green & Co., London, p. 480.

[2] Article 31, para. 1 Geneva Convention II (1949); de Oliveira Godinho (2009), para 18; Doswald-Beck L (ed) (1995) Commentary on the San Remo manual on international law applicable to armed conflicts at Sea. Cambridge University Press, Cambridge, p. 208.

[3] 任筱峰、杨晓青译:《圣雷莫海上武装冲突国际法手册》,海潮出版社 2003 年版,第 230 页。

[4] Oppenheim L, Lauterpacht H (1952) International law, vol II, 7th edn. Longmans, Green & Co., London, p. 487.

[5] 任筱峰、杨晓青译:《圣雷莫海上武装冲突国际法手册》,海潮出版社 2003 年版,第 231 页。

许摧毁仅载有平民的敌国客轮。如果不能完成对客轮的拿捕,则只能选择令其改航。从《圣雷莫手册》第 140 条及其广泛的国家实践①中可以看出,几乎任何情况下②都不会允许摧毁客轮。应尽量缩小这种例外情况。③

6. 在敌国船机上对货物的拿捕

《巴黎宣言》中规定,在敌船上的中立货物一般可免予拿捕,这一原则在今天仍然适用(尽管确定货物中立性质比较困难)。④ 这一原则的例外情况是,这些货物是禁运品或货物所在船舶积极抵抗登临和检查,或试图突破封锁。⑤ 在某些条件下,中立船舶也可被拿捕。

一般情况下,敌国货物可以被拿捕。正如一些船舶受到特殊保护,一些类型的货物也是如此。《圣雷莫手册》将受保护货物清单列在了第六节"中立商船和货物的拿捕"条目下,这具有一定误导性。《圣雷莫手册》没有提到某些敌国货物也受到保护,比如:

(1) 为此项目的而租用之船只,应准其运输专为医治武装部队之伤者与病者或防止疾病用之设备,但须将该船航行之事项通知敌国,并经其认可。⑥

(2) 文化财产。⑦

---

① Kraska J (2012) Prize law. In: Wolfrum R (ed) Max Planck encyclopedia of public international law. OUP, Oxford, para. 21.

② Heintschel von Heinegg W (ed) (1995b) Visit, search, diversion and capture. In: Bochumer, p. 26.

③ Heintschel von Heinegg W (ed) (1995b) Visit, search, diversion and capture. In: Bochumer, p. 26; Oppenheim L, Lauterpacht H (1952) International law, vol II, 7th edn. Longmans, Green & Co., London, p. 487; Colombos (1963), para 909 f.; Kraska (2012), para 24.

④ Bundesministerium der Verteidigung (2013) Zentrale Dienstvorschrift (ZDv) 15/2-Humanitäres, para 1035.

⑤ Heintschel von Heinegg W (ed) (1995b) Visit, search, diversion and capture. In: Bochumer, p. 32.

⑥ Article 38, para 1 Geneva Convention II (1949); Article 29, para 1 London Declaration(1909).

⑦ Article 14 Cultural Property Convention(1954).

（3）各缔约国对于纯为另一缔约国平民使用之医疗与医院供应品，或宗教礼拜所需物品之一切装运物资，均应许其自由通过，即使该另一缔约国为其敌国。对于供十五岁以下儿童、孕妇与产妇使用之主要食物、衣服及滋补剂之装运，亦应同样许其自由通过。[1]

（4）如占领地全部或部分居民之给养不足时，占领国应同意救济该项居民之计划，并对该项计划使用力所能及之一切方法予以便利。该项计划可以由国家或公正人道主义组织如红十字国际委员会承担之，在该计划中尤应包括食物、医疗品及衣服的装运物资之供给。各缔约国均应允许该项装运物资之自由通过并保证予以保护。[2]

（5）为履行救助义务而需要的关键设备和其他物资。[3]

（6）由邮局直接或情报局及战俘中央事务所而寄交战俘之信件，救济装运物资，及核准之汇款，或战俘寄出之汇款。[4]

被捕获船只船员和乘客的个人物品也在保护范围内。[5] 邮寄物资的受保护地位不能被视作习惯国际法。事实上，在一战和二战期间，交战方并不愿意把邮寄物资排除在禁运品外。[6]

7. 中立船机的拿捕

从原则上讲，中立船舶应免予被拿捕或摧毁。[7]但在某些情况下，中立船舶可以被拿捕。这些情况包括，如果船舶：（1）载有禁运

---

[1] Article 23 Geneva Convention IV(1949).
[2] Article 59 Geneva Convention IV(1949).
[3] Heintschel von Heinegg W (ed) (1995b) Visit, search, diversion and capture. In: Bochumer, p. 32.
[4] Article 74 and 122ff. Geneva Convention III(1949).
[5] Article 29, para 2 London Declaration (1909); Colombos (1963), para 685.
[6] Scheuner (1962a) Konterbandrecht. In: Schlochauer H-J (ed) Wörterbuch des Völkerrechts, vol 2, 2nd edn. De Gruyter, Berlin, p. 200.
[7] Heintschel von Heinegg W (ed) (1995b) Visit, search, diversion and capture. In: Bochumer, p. 33; Doswald-Beck L (ed) (1995) Commentary on the San Remo manual on international law applicable to armed conflicts at Sea. Cambridge University Press, Cambridge, p. 213.

品；①（2）从事非中立性服务；②（3）拒绝或积极抵制登临和检查；③（4）正在破坏或企图破坏封锁。④

根据《圣雷莫手册》第146条，以上四种情况下，都可行使捕获权。相应规则也适用于中立民用飞机。⑤ 但以上列出的活动都没有违反国际法。当中立商人从事以上活动时，交战方有权阻止其为敌方提供援助。⑥ 因此，捕获权可以被视作由合法行为引起的法律后果。

《圣雷莫手册》第146条十分关键。航行自由原则在战时继续适用。在海军单位或海军作战的邻近区域内，交战方的安全利益要高于中立商船的航行自由。如果中立商船不遵守交战方的相关要求（如果不是随意的要求），就可能被视作拥有了敌性或敌意，并被当作敌船对待。⑦ 但《圣雷莫手册》第105条规定，交战国不得因设立可能对特定海域的合法用途产生不利影响的区域而免除其根据国际人道主义法所承担的义务。⑧ 将中立船舶排除在作战区域外将显著减少可能的敌对接触。⑨ 尽管如此，在划定区域内出现的船机并不会

---

① Tucker RW (1957) The law of war and neutrality at sea. US Government Printing Office, Washington, DC, p. 253; Rule 146 lit. a San Remo Manual(1995).

② Tucker RW (1957) The law of war and neutrality at sea. US Government Printing Office, Washington, DC, p. 253; Rule 146 lit. b, c and d San Remo Manual(1995).

③ Heintschel von Heinegg W (ed) (1995b) Visit, search, diversion and capture. In: Bochumer, p. 33.

④ Tucker RW (1957) The law of war and neutrality at sea. US Government Printing Office, Washington, DC, p. 253; Rule 146 lit. f San Remo Manual(1995).

⑤ Rule 153 to 155 applying rules 148 to 150 also to neutral civilian aircraft.

⑥ Tucker RW (1957) The law of war and neutrality at sea. US Government Printing Office, Washington, DC, p. 252 – 253, regarding contraband Doswald-Beck L (ed) (1995) Commentary on the San Remo manual on international law applicable to armed conflicts at Sea. Cambridge University Press, Cambridge, p. 201.

⑦ Doswald-Beck L (ed) (1995) Commentary on the San Remo manual on international law applicable to armed conflicts at Sea. Cambridge University Press, Cambridge, p. 202.

⑧ 任筱峰、杨晓青译：《圣雷莫海上武装冲突国际法手册》，海潮出版社2003年版，第201页。

⑨ O'Connell DP (1984) In: Shearer IA (ed) The international law of the sea, vol 2. Oxford, Clarendon Press, p. 1109.

137

自动拥有敌性，只有在一些特殊情况下可能被视作合法军事目标。①在任何情况下都不允许自由开火区的存在。② 的确，自我防卫十分关键，③ 在划定区域内或已知作战区域，双方对待中立船舶的门槛很可能都会降低，但还是需要确保某些安全事项。

综上所述，只有装载禁运品和从事非中立性服务的行为还需进一步研究。

**禁运品的运输**

可导致中立商船被捕获的最重要行为类型即运输禁运品。最早涉及"禁运品"一词的文件是《伦敦宣言》。④

根据传统，禁运品分为绝对禁运品和有条件禁运品。⑤ 这种区分可以追溯到格劳秀斯。⑥ 之后，《伦敦宣言》第22条列出了绝对禁运品清单，清单内的物品可直接列入战时禁运品而不需另行通告。《伦敦宣言》第24条规定了战时以及平时均可使用的、被称为有条件禁运品的清单，可列入战时禁运品而无需另行通知。《伦敦宣言》第27、29条规定了，凡不供战争使用的物品，不得宣布为战时禁运品。⑦《伦敦宣言》第30条支持所谓的"连续航程"原则。⑧ 因此，凡绝对禁运品，经证明运往敌方所有或所占领土或运往敌方军队者，则不论其运往方式为直接或转运，或其后转为陆运，均可拿捕。其

---

① Heintschel von Heinegg W (ed) (1995b) Visit, search, diversion and capture. In: Bochumer, para48.

② Dinstein Y (2010) The conduct of hostilities under the law of international armed conflict, 2nd edn. CUP, Cambridge, p. 228.

③ O'Connell DP (1984) In: Shearer IA (ed) The international law of the sea, vol 2. Oxford, Clarendon Press, p. 1110.

④ Schaller C (2015) Contraband. In: Wolfrum R (ed) Max Planck encyclopedia of public international law. OUP, Oxford 242 M. Schulz, para 7.

⑤ Schaller C (2015) Contraband. In: Wolfrum R (ed) Max Planck encyclopedia of public international law. OUP, Oxford 242 M. Schulz, para 11.

⑥ Colombos CJ (1963) Internationales Seerecht, German edn. C. H. Beck, München, para 760.

⑦ Schaller C (2015) Contraband. In: Wolfrum R (ed) Max Planck encyclopedia of public international law. OUP, Oxford 242 M. Schulz, para 11.

⑧ Schaller C (2015) Contraband. In: Wolfrum R (ed) Max Planck encyclopedia of public international law. OUP, Oxford 242 M. Schulz, para 14.

后，最终决定因素应当是目的地。① 根据《伦敦宣言》第 33 条，凡有条件的战时禁运品，经证明系运往供敌国军队或政府部门使用者，应予拿捕。但根据《伦敦宣言》第 35 条，凡有条件的战时禁运品，除发现装在驶向敌方所有或占领的领土或供应敌军的船中，且不在途中立港卸货者外，不得予以拿捕。

尽管在两次世界大战期间，交战方都使用过禁运品的概念，但在相关实践中却远远没有达成统一。② 交战方很快把绝对禁运品的适用范围扩展到《伦敦宣言》规定的有条件禁运品上。③ 一战期间，英国政府公布了至少 15 份禁运品清单。1914 年 8 月的第一份清单几乎达到了《伦敦宣言》的标准，最后一份清单包含 248 项，其中对绝对和有条件的禁运品进行了分类。④ 其他主要交战方如法国和德国也效仿英国的做法。⑤ 原料、食物、各类燃料、钱财和黄金都被列为绝对禁运品。⑥ 因此有学者认为禁运品的定义会根据特定情势而变化。⑦

今天，禁运品的定义可以参考《圣雷莫手册》第 148 条："其最终目的地为敌国控制的领土并可能用于武装冲突的货物。"⑧ 根据

---

① Heintschel von Heinegg W (ed) (1995b) Visit, search, diversion and capture. In: Bochumer, p. 43.

② Scheuner (1962b), p. 291; Colombos (1963), para 760; Schaller C (2015) Contraband. In: Wolfrum R (ed) Max Planck encyclopedia of public international law. OUP, Oxford 242 M. Schulz, para 9.

③ Colombos CJ (1963) Internationales Seerecht, German edn. C. H. Beck, München, para 776; Heintschel von Heinegg W (ed) (1995b) Visit, search, diversion and capture. In: Bochumer, p. 43 f.

④ Colombos CJ (1963) Internationales Seerecht, German edn. C. H. Beck, München, para 776.

⑤ Heintschel von Heinegg W (ed) (1995b) Visit, search, diversion and capture. In: Bochumer, p. 44.

⑥ Scheuner (1962a) Beuterecht im Seekrieg. In: Schlochauer H-J (ed) Wörterbuch des Völkerrechts, vol 1, 2nd edn. De Gruyter, Berlin, pp 199–201, p. 291.

⑦ Hall WE, Higgins AP (eds) (1924) A treatise on international law, 8th edn. Clarendon Press, Oxford, p. 781.

⑧ 任筱峰、杨晓青译：《圣雷莫海上武装冲突国际法手册》，海潮出版社 2003 年版，第 237 页。

《圣雷莫手册》第149条，为了行使拿捕权，交战国必须公布禁运品清单。交战国禁运品清单的确切内容可根据武装冲突的特定情势而有所变化。禁运品清单应具体化。武装冲突各方通常彼此提供或向中立国提供禁运品清单，详细说明哪些被视作禁运品。多数关于可捕获货物的相关规定都基于习惯国际法。[1]《圣雷莫手册》的评论倾向于承认拿捕军火的权利，即便在禁运品清单中没有提及，只要军火明显是用于军事目的即可拿捕。[2] 因此，很难明确《圣雷莫手册》第149条是"习惯国际法"，还是反映长期实践的传统。[3]

《圣雷莫手册》第50条规定，未列入交战国禁运品名单的货物是"自由货物"，即不得拿捕。"自由货物"应至少包括以下货物：

（1）宗教物品。

（2）旨在专门用于治疗伤者、病者以及预防疾病的物品。

（3）一般用于平民居民，特别是妇女和儿童的衣物、被褥、基本口粮和住宿用品，除非有理由认定此类物品将改用于其他目的，或用于替代敌国货物并用于军事目的，以明显助长敌国的军事利益。

（4）提供给战俘的物品，包括私人包裹和集装运输的食物、衣服、教育、文化和娱乐物品。

（5）由国际条约或冲突各方订立的特别协定规定免予拿捕的其他物品。

（6）不可能用于武装冲突的其他物品。[4]

根据国际法，哪些物品享有豁免取决于交战方的双边或多边协

---

[1] Schaller C（2015）Contraband. In：Wolfrum R（ed）Max Planck encyclopedia of public international law. OUP，Oxford 242 M. Schulz，para 16.

[2] Doswald-Beck L（ed）（1995）Commentary on the San Remo manual on international law applicable to armed conflicts at Sea. Cambridge University Press，Cambridge，p. 216.

[3] Schaller C（2015）Contraband. In：Wolfrum R（ed）Max Planck encyclopedia of public international law. OUP，Oxford 242 M. Schulz，para 16.

[4] 任筱峰、杨晓青译：《圣雷莫海上武装冲突国际法手册》，海潮出版社2003年版，第233—234页。

议。如果物品不可能用于武装冲突，则没有拿捕的必要，因为拿捕权是为了阻止对敌方提供任何援助。但问题是如何确定哪些物品不可能用于武装冲突，这恐怕需要根据具体情势而定。

**非中立服务**

在非中立服务及其造成后果上，各国的实践并不统一。[1] 一般认为，交战方有权阻止中立船舶运送交战方部队以及向敌方传递信息。[2]《圣雷莫手册》第146条规定了哪些行为属于非中立行为，比如运送敌国武装部队人员，在敌国直接控制、命令、租用、雇佣或指挥下活动等，尽管这些行为并非直接支持交战方的海上军事行动。《伦敦宣言》第46条也有相似规定。但考虑到非中立服务对交战方战争不同程度的影响，需要对其做出更精细的划分，当然这在具体国家实践中较为困难。

直接参与交战方军事行动的船只，以任何身份为交战双方武装部队提供海军或军事辅助的船只，以及在交战国军舰护航下航行的船只，由于极可能从事了支持交战方战争的行为，因此失去中立身份，可以被拿捕。另外，因其行为性质与军舰无区别，必须承担相应后果，所以必要时可以对其进行攻击和现场击沉。[3]

在敌国直接控制、命令、租用、雇佣或指挥下活动的船只，相比前一段提到的行为，对交战方战争的影响程度更小。因此，这类船只并不能被随意摧毁。根据其具体行为，可以按照敌国商船的待遇对其实施拿捕。[4] 载有敌国人员或急件的船只可以被拿捕，[5] 但具

---

[1] Schramm (1913) Das Prisenrecht in seiner neuesten Gestalt. Ernst Siegfried Mittler und Sohn, Berlin, pp. 251–253.

[2] Heintschel von Heinegg W (ed) (1995b) Visit, search, diversion and capture. In: Bochumer, p. 37.

[3] Tucker RW (1957) The law of war and neutrality at sea. US Government Printing Office, Washington, DC, pp. 329–330.

[4] Tucker RW (1957) The law of war and neutrality at sea. US Government Printing Office, Washington, DC, p. 322.

[5] Oppenheim L, Lauterpacht H (1952) International law, vol II, 7th edn. Longmans, Green & Co., London, pp. 833–835; Schramm (1913) Das Prisenrecht in seiner neuesten Gestalt. Ernst Siegfried Mittler und Sohn, Berlin, pp. 251–253.

体细节在国家实践中并不确定。①

《圣雷莫手册》第 123 条规定，中立商船接受海上准运证书的行为不能被视作非中立服务。

**拿捕中立船只或飞机的特殊责任后果**

根据《圣雷莫手册》的规定，拿捕中立船舶后，一般将其当作战利品并由主管捕获法院做出判决。

但在某些情况下，拿捕者被赋予摧毁中立商船的特殊权利。《圣雷莫手册》第 139、151 条对这种极少数的例外有相关规定。第 151 条第 2 段做出进一步的限制，即前提是必须确定被拿捕船舶既不能被移送交战国港口，也不能改航，更不能合理地释放。另外，不得因船舶载有禁运品而摧毁船舶，除非所载的禁运品，根据其价值、重量、体积或运费估算超过整个货物的一半。尽管如此，根据习惯国际法，作为特殊措施的摧毁行为是合法的。一旦最终采取摧毁措施，该行为归主管捕获法院审判。②

《圣雷莫手册》第 140 条关于敌国客轮的规定与第 152 条关于摧毁被捕获中立国客轮的规定之间存在相似之处。第 152 条规定禁止在海上摧毁所拿捕的载有平民乘客的中立国客轮。该条规定，为了乘客安全，此种船舶应被改航至适当港口，以完成拿捕行动。在完成对乘客的安全转移后，摧毁措施不被禁止。③

8. 中立船舶和飞机上货物的拿捕

根据《圣雷莫手册》第 147 条规定，中立国商船上的货物如果是禁运品，则可以被拿捕。这项规定在 1856 年《巴黎宣言》中也有体现。这意味着，从原则上讲，除了禁运品，中立国商船上所有其他货物都可免予拿捕。但有一个关键的例外，即货物的命运与其运载船只的性质紧密相连。考虑到中立国商船强力拒绝登临和搜检的

---

① Going into the details regarding the mentioned uncertain state practice Tucker (1957), pp. 325–327.

② Doswald-Beck L (ed) (1995) Commentary on the San Remo manual on international law applicable to armed conflicts at Sea. Cambridge University Press, Cambridge, p. 219.

③ Doswald-Beck L (ed) (1995) Commentary on the San Remo manual on international law applicable to armed conflicts at Sea. Cambridge University Press, Cambridge, p. 219.

情况，各国的相关实践并不统一。比如，英国的捕获法院立场很清晰，不论货物是否是禁运品，一般都采取没收的措施，而美国的捕获法院却不都这么做。① 德国捕获法令的第 12、37 条规定，不论是否是禁运品，中立国货物如果属于船长或船主，则只能没收。

（五）捕获法庭程序

即使交战方成功完成拿捕，也不意味着相关程序的结束。在特殊前提条件下，无需将案件提交捕获法院，摧毁捕获品的行为也可以是合法的，但必须经过捕获法院的相关程序，这项原则没有例外。事实上，正如之前提到的，摧毁措施仅仅是一项非常措施，其前提条件非常有限，并且须经过捕获法院审判。

1. 捕获法院程序的一般规则

在成功拿捕商船及其货物时，一般须将其转移至港口。② 船长和船员可以协助捕获者将捕获品航行至港口，但这不是强制性的。③ 考虑到时间、距离、天气、安全等影响海上行动的因素，捕获品的主人在捕获法庭的选择上应当有一定裁量权。④ 鉴于航行自由的重要性，搜查、转移或拘留措施必须尽可能简短。⑤ 同样规则也适用于飞机，并注意照顾其相应的特性。

合法拿捕并不必然导致捕获法院的没收判决，拿捕的合法性也不依赖于之后法院做出的没收判决。⑥ 根据习惯国际法，在捕获法案

---

① Heintschel von Heinegg W (ed) (1995b) Visit, search, diversion and capture. In: Bochumer, p. 41.

② Colombos CJ (1963) Internationales Seerecht, German edn. C. H. Beck, München, para 925.

③ Tucker RW (1957) The law of war and neutrality at sea. US Government Printing Office, Washington, DC, p. 347.

④ In favour of a wide discretion Kraska (2012), para 9; more restrictive Tucker (1957), p. 348.

⑤ Heintschel von Heinegg W (ed) (1995b) Visit, search, diversion and capture. In: Bochumer, p. 22; Colombos (1963), para 893.

⑥ Tucker RW (1957) The law of war and neutrality at sea. US Government Printing Office, Washington, DC, p. 346.

件中，私有财产转移为国有财产需要经过合适的审判。① 因此，需要捕获法院做出判决后，财产才能从私人转移至捕获者所有。②

捕获法院可以设在捕获国的主权领土上或其同盟国领土上，也可以设在捕获国或其盟国领土范围内的军舰上。有一个问题没有最终定论，即是否可以在位于公海的军舰上设立捕获法庭。需要考虑到，一个国家对其领土和领水的主权是真实的，而军舰作为人造平台，其主权衍生自所属国家。所以也有观点认为，在位于公海的军舰上设立的捕获法庭的合法性要弱于在领土或领水内设立的法院。各国一致认为捕获法院不应设在中立国领土或领水上。③ 尽管事实上捕获法院应依据法律建立，但近年来却没有一次是根据国内法建立，④ 主要原因是没有这个必要。

捕获法院的一个特点是属于国家法院，但适用国际捕获法和国内法。⑤ 因此各国建立捕获法院的方式迥异。一些国家把捕获法院整合到常规司法体系内，部分国家建立了行政裁判所，还有的建立了独立的捕获法院。⑥ 适用的国际法可以编纂为国内法，或反映在法院权限或管辖权上，前提是应符合国际法律。⑦ 法院须调查捕获行为所处环境，并在相关证据的基础上判定对船舶及/或其货物的最终没收

---

① Colombos CJ (1963) Internationales Seerecht, German edn. C. H. Beck, München, para 925; Scheuner (1962a), p. 201.

② Oppenheim L, Lauterpacht H (1952) International law, vol II, 7th edn. Longmans, Green & Co., London, pp. 474 – 475; Kraska (2012), para 26; Tucker RW (1957) The law of war and neutrality at sea. US Government Printing Office, Washington, DC, p. 347.

③ Colombos CJ (1963) Internationales Seerecht, German edn. C. H. Beck, München, para 927.

④ Roach JA (2015) Neutrality in naval warfare. In: Wolfrum R (ed) Max Planck encyclopedia of public international law. OUP, Oxford, para 24.

⑤ Schramm (1913) Das Prisenrecht in seiner neuesten Gestalt. Ernst Siegfried Mittler und Sohn, Berlin, p. 368.

⑥ Schramm (1913) Das Prisenrecht in seiner neuesten Gestalt. Ernst Siegfried Mittler und Sohn, Berlin, pp. 370 – 371; Kraska (2012), para 9.

⑦ Kraska J (2012) Prize law. In: Wolfrum R (ed) Max Planck encyclopedia of public international law. OUP, Oxford, para 9.

是否有充分理由。①

捕获法院程序属于国内法管辖的做法很有争议。② 因此，在18世纪，有人提议应建立国际捕获法院，③ 这在《海牙第七公约》关于建立国际捕获法院的条款中有体现。④ 国际捕获法院本应是国家捕获法院判决的上诉法院，⑤ 但出于一些原因却从未得以建立。⑥

值得注意的是，捕获法院的权限并不随着武装冲突的结束而消失。事实上，捕获法院有权处理所有关于交战方的捕获法律事宜，直至这些事件的最终解决。⑦ 从过去各国签署的和平协议中可以看出，各国可以把之前战争中涉及捕获法实践的规则写入协议中，比如《凡尔赛和约》第440条。⑧ 因此，今天类似的协议及相应规则应当归《维也纳条约法公约》管辖，⑨ 尤其是关于条约无效性的第二部分规则。⑩

2. 不当行使权力的后果

如果捕获法院发现没收捕获物的依据不足，就会判决释放捕获物。尽管如此，如果在捕获时，捕获者有充分理由认为自己的行为

---

① Tucker RW (1957) The law of war and neutrality at sea. US Government Printing Office, Washington, DC, pp. 347–348.

② Colombos CJ (1963) Internationales Seerecht, German edn. C. H. Beck, München, para 961.

③ Schindler D, Toman J (eds) (2004) The laws of armed conflicts. Brill-Nijhoff, Leiden, p. 1093.

④ Hague XII(1907).

⑤ Schindler D, Toman J (eds) (2004) The laws of armed conflicts. Brill-Nijhoff, Leiden, p. 1093.

⑥ Roach JA (2015) Neutrality in naval warfare. In：Wolfrum R (ed) Max Planck encyclopedia of public international law. OUP, Oxford, para 24.

⑦ Colombos CJ (1963) Internationales Seerecht, German edn. C. H. Beck, München, para 688；Schramm (1913) Das Prisenrecht in seiner neuesten Gestalt. Ernst Siegfried Mittler und Sohn, Berlin, p. 379.

⑧ Treaty of Versailles(1919).

⑨ Vienna Convention on the Law of Treaties(1969).

⑩ On the customary law status of this section of the treaty Kohen and Heathcote (2011), p. 1017.

合法，就不需要负责赔偿破坏损失。但如果捕获者理由不足，而后其捕获行为又被认为是非法的，捕获者就应负责赔偿相应损失。① 如果搜查、转移或拘留的时长超过必要，对船舶的航行进行不必要的干预，或对船舶的转移没有正当理由，捕获法院须要求其赔偿损失。② 但赔偿损失的要求不能仅仅依据捕获行为造成的不便而定。③

如果出于某种原因，捕获者没有将案件提交法院，捕获物的私人拥有者可以要求捕获法院做出最终判决。如果捕获者不支持审判，法院在诉讼方的要求下，有权进一步要求捕获物的释放或上交。④ 如果捕获者故意将程序提交至其明知不会顾及船主和货物托运人权益的法庭，则同样可适用上述措施。⑤

# 结 论

捕获法的核心规则属于习惯国际法，最早可追溯到1856年《巴黎宣言》。

武装冲突是捕获法应用的前提，只有民用船只或飞机可以适用捕获法。通常根据船只所悬挂的旗帜或飞机所携带的标记确定船只或飞机是否属于中立或敌对性质。悬挂敌国旗帜是船只敌性的决定性标志。对于悬挂中立国旗帜的船舶，可以反驳证明其中立性质的初步证据，船舶登记、船舶所有、船舶租赁或者其他标

---

① Tucker RW (1957) The law of war and neutrality at sea. US Government Printing Office, Washington, DC, p. 346.

② Colombos CJ (1963) Internationales Seerecht, German edn. C. H. Beck, München, para 893; Heintschel von Heinegg W (ed) (1995b) Visit, search, diversion and capture. In: Bochumer, p. 22.

③ Heintschel von Heinegg W (ed) (1995b) Visit, search, diversion and capture. In: Bochumer, p. 22; Colombos CJ (1963) Internationales Seerecht, German edn. C. H. Beck, München, para 893 f.

④ Colombos CJ (1963) Internationales Seerecht, German edn. C. H. Beck, München, para 925.

⑤ Kraska J (2012) Prize law. In: Wolfrum R (ed) Max Planck encyclopedia of public international law. OUP, Oxford, para 9.

准可以作为补充证据。关于在冲突爆发前转移船旗的无效性，还没有相关习惯国际法规定，但这是一种明显的倾向。船机上货物的性质与船只或飞机的性质密切相关，但这种定性方法并非绝对。

只有军舰和军机有权开展登临和检查行动，以及捕获中立国水域外的敌国和中立国商船或民用飞机。在中立国军舰或军机护送下的中立国船机享有豁免，这是一种倾向而非习惯国际法。在某些情况下，出于对平民乘客和船员的安全考虑，为了在安全地点开展登临和检查行动，转移成为唯一合法的选择。飞机由于其运行的特点，在飞行过程中不能被登临和检查，因此必须先转移至机场。

为了减少交战方登临和搜查行动对中立船运和飞行造成的干扰，准运证、准飞证和船舶证明书等措施能够发挥一定作用。尽管如此，这并不能保证通行无阻，而且交战一方发放的证明文书对另一方而言是无效的。

一般可在中立国水域和空域外拿捕敌国船机及其货物。但根据传统或习惯国际法，某些敌国船只及货物由于其特殊功能享有豁免权。

中立国船机及其所载货物在原则上可免予拿捕，但如果这类船机载有禁运品、从事非中立服务、拒绝和主动抗拒登临和检查、破坏或试图打破封锁，则可以被拿捕。根据习惯国际法和《圣雷莫手册》第148条，今天"禁运品"的定义是"最终目的地为敌国控制的领土并可怀疑用于武装冲突的货物"。正如在一战和二战间各国的实践，交战方向中立国以及敌国发布禁运品名单的做法已成为习惯国际法。根据《圣雷莫手册》第149条，鉴于武装冲突所处的不同情势（如在一战和二战期间），禁运品名单应具体化，但这使得禁运品的定义范围变得很广。除了武器和弹药，目前对何为禁运品并无一致意见。

只有在捕获法院做出判决后，捕获程序才算结束，中立国或敌国的私人财产才能最终转移给捕获者。即使在法院判决前，捕获物在特殊情况下被摧毁,拿捕的合法性还是需要法院最终判决后才能确定。

　　最后,可以说在捕获法和禁运法的核心规则上各国大多保持一致意见,但在某些具体细节上还有争议。尽管如此,这些核心规则足以处理相关法律事宜,并提供可行的国际法框架。

# 第八章

## 海上临检行动
——以"非国家间武装冲突"中
公海水域临检行动为例

当今时代,越来越多的武装冲突具有"非国家间"性质,即"非国家间武装冲突"(Non-international Armed Conflict, NIAC)。因此研究规范这种冲突模式的法律规定就显得尤为必要。但是当前的海战法并不适用"非国家间武装冲突",尤其是临检权作为一种交战权,很有可能无法在非国家间武装冲突中适用。其结果又如何呢?根据国际法规定,临检权是指交战双方可以在未经同意的情况下,对外国船旗国船只进行登临和检查。应该说这是一种非常强大的权力,是交战双方"工具箱"中一件非常有力的工具。在"非国家间武装冲突"中,相关国际法的缺失,很可能导致登临权的丧失。近年来部分国家开展的海上行动,如"持久自由行动"(Operation Enduring Freedom)以及"积极奋进行动"(Operation Active Endeavour),就遇到了在"非国家间武装冲突"中无法行使交战权的问题。在实践中,参与行动的国家对此各行其是、标准不一。

尽管武装冲突法中没有相关规定,但一般国际法还是为"非国家间武装冲突"中登临外国船旗国船只提供了可能,比方说,船旗国同意、国际协议支持以及联合国安理会决议等。这些情况都需要对方同意或相关机构批准,其局限性不言而喻。为解决这一问题,国际法学界有过三种理论。深入研究三种理论,对于推进相关立法工作以及指导海上实践都具有重要意义。

# 一、有关"非国家间武装冲突"中登临权的三个理论

在这三个理论中,第一个理论是从"诉诸战争权"即开战正义的角度来论证的,后面两个是从自卫的角度论证的。后两种理论的出现要得益于国际上关于自卫法律范畴的不断演进。从传统意义上讲,如果A国对B国发动攻击,B国自然拥有自卫的权利,自卫行动中当然也包括使用武力。因此,临检权作为一种交战权,当然也适用于武装冲突。而在"非国家间武装冲突"中,发动袭击的是非国家行为体,是否也可以触发自卫权?当前,越来越多国家认为可以,尤其是在"9·11"事件后,美国对"基地"组织(非国家行为体)发动战争的实践就恰好属于这一范畴。然而当海上发生"非国家间武装冲突"时,却没有任何有关公海上登临权的规定,这就引发了关于自卫理论的第二种思考,即自卫是否受地域限制。具体来说,即面临自卫的地域范围和船旗国专属管辖权之间何者优先的问题。总之,自卫法律的发展为解决"非国家间武装冲突"中登临权的问题提供了希望。

## (一)理论之一:以自卫为基础的单纯登临行动

这一理论认为,自卫可以成为单纯登临行动的法律基础。尤其是在应对运载大规模杀伤性武器的船只时。该理论存在两大法律争论。第一种法律争论是,预先性自卫必须满足一定条件,即面临紧迫的危险。很多人认为"紧迫"不仅是时间问题,更是危险程度问题,并将其称为"最后的机会之窗",即目标船舶所带来的危险一旦成为现实,其规模和程度达到足够严重程度,以至于相关国家必须采取行动,否则就会丧失"最后的机会之窗"。当然也有部分人认为,满足预先性自卫的条件是威胁的潜在规模,而非当时的紧迫程度。但持这种观点的人目前仍是少数。

第二种法律争论在自卫权与船旗国专属管辖权之间展开。很多

人认为，如果非国家行为体对目标船只的使用不能归咎于船旗国，那么自卫权就可以超越船旗国管辖权，而且这种自卫权的行使既不受船旗国意志的影响，也不受地理空间的限制。举例来讲，如果非国家行为体在 A 国领土内对 B 国发动攻击或构成威胁，如果作为拥有专属关系权的 A 国不愿意或／和不能够进行有效应对，那么 B 国就拥有采取自卫的权利。具体到海上，如果船旗国不愿意，也／和不能够进行有效应对，那么受攻击或威胁的国家便可以行使自卫权。该观点使自卫权成为专属管辖权的一种例外情况。在"非国家间武装冲突"中，作为自卫手段，登临某一船的前提条件并非是武装冲突本身，而是该船只构成了紧迫的武装威胁，也就是说其威胁程度必须达到足以触发自卫权的程度。

（二）理论之二：自卫性登临权

该理论与第一种理论的区别之处是，该理论源引自卫权的初始内涵来支持登临权，也就是在确实遭到袭击的情况下才可以自卫，而且自卫必须是必要的（necessary）、合适的（proportionate）。为了突破船旗国专属管辖权这一法律屏障，该理论将使用该船只的非国家行为体局限于船旗国内，也就是说，这些非国家行为体属于船旗国，或在船旗国非常活跃，船旗国与该行为体被绑定到一块，自己难辞其咎，自然也就丧失了专属管辖权。与此同时，该船只必须在非国家行为体的实际控制之下。只有这样，对其做出的自卫行动才能满足必要及合适的原则。该理论不支持对中立国船只进行登临和检查，即便有理由怀疑该中立国船只正在运送某一非国家行为体成员及其工具。

这一理论与德国著名国际法学家沃尔夫教授[①]的理论如出一辙。他认为当国家间武装冲突中的部分指标满足以下条件，有关海上临检权的法律规定便可适用"非国家间武装冲突"。这些条件包括：(1) 该冲突必须危及一国核心安全利益；(2) 有理由相信外国船只

---

① Wolff Heintschel von Heinegg，德国奥德河畔法兰克福欧洲大学教授。

参与了损害该国核心安全利益的行为；(3) 采取应对措施的地方必须与冲突区域邻近。沃尔夫教授特别指出，支撑这一理论的法律基础并非规范国际武装冲突的战争法，而是自卫权。他特别强调：该理论的法律基础是维护领土完整和国家统一的自卫权或者说自保权。这种权利既适用国际武装冲突，也适用"非国家间武装冲突"。

(三) 理论之三：登临检查已成为军事目标的船只

该理论的法律基础是"战时法"(jus in bello) 而非"诉诸战争权"(jus ad bellum)。一艘船被非国家行为体使用一般存在三种情况。第一种，该船舶正在由原来的船员驾驶，而这些船员正是武装集团的一部分；第二种，该船舶正在由原来的船员驾驶，但船员们根本不知道乘客中混有武装集团分子；第三种，该船完全由武装集团控制并专门为其服务。在第三种情况下，该船便成为合法的军事目标。在这种情况下，该船要么可以被击沉，要么可以被没收。如果没收，那么势必首先要登临船只以便控制该船及船上人员。

尽管将某船列为军事目标与该船归属无关，但对该军事目标的控制似乎有违船旗国专属管辖。对此，学界大多认为不会造成这种结果。首先，当"非国家间武装冲突"符合相应指标后（尤指威胁程度），相关国家也就达到了启动国家自卫权的"必要"程度，因此将该船列入军事目标是合理合法的。此时，自卫权抵消了船旗国专属管辖权。其次，如果该船完全被某一非国家行为体所控制，并事实上成为其军事工具，那么它与船旗国之间的联系也就松动了，在这种情况下，很多船旗国会表示不再为该船行为负责。

## 二、"非国家间武装冲突"中的登临意图

在国家间武装冲突中，登临权作为一种交战权，其主要目的是执行拿捕法的相关规定，如没收运往敌国的违禁品，进而向对手发动经济战。但在"非国家间武装冲突"中，登临以及检查某一船舶的主要目的是应对某一非国家行为体的威胁。换句话说，"非国家间

武装冲突"中登临、检查行动的直接指向是对手本身。

由于两种冲突模式的意图不同，因此很难说规范国家间武装冲突的临检权可以直接适用"非国家间武装冲突"。如果上述三种理论足以支撑对外国船只的登临权，那么有关谁可以登船以及什么情况下可以登船的规定就与规范国家间武装冲突的规定大不相同。这是因为，传统意义上的临检权是中立权与交战权相互平衡的结果，其目的是削弱对方的经济实力。而上述三种理论是自卫权与船旗国专属管辖权之间相互平衡的结果，其目的是应对当面对手。

## 三、理论优势

前两种理论将登临外国船旗国船只这一问题，由原来的法律范畴转移到新的法律范畴内探讨，因此具有更强的操作优势。首先，这两种理论绕过了船旗国专属管辖权，即登上某国船只之前必须经船旗国同意。这意味着，在公海上，如果具备自卫的严格条件，而且船旗国不能也不愿意应对船上的非国家行为体，那么可以基于自卫原则登上该船。其次，将登临行动与"诉诸战争权"而非"战时法"联系在一起的好处是，可以绕过战争法的相关规定，进而避免将规范国家间武装冲突的相关规定直接套用到"非国家间武装冲突"上。换句话说，根据"战争法"的规定，临检权是一种交战权，只有在国家间交战的状态下才能实施。如果绕开战争法的这一规定，从"诉诸战争权"的角度设置新的语境，那么便可以依据自卫原则采取临检行动。

## 四、可能的隐患

首先，基于自卫权的前两种理论会使"诉诸战争权"和"战时法"的界限变得模糊。这两种理论的出发点其实就是创设一个新的法律范畴，即国际人权法和武装冲突法之外的第三个法律范畴——自卫权法律范畴。在这一新的法律范畴中，自卫不仅可以决定是否可以使用武力，也可以决定采取行动的权力范围。这意味着，只要满足自卫权的相关规定，如合适、必要、紧迫等，就可以登临相关船只并采取包括使用武力在内的后续行动。联系到当今世界，基于这些理论，如果在海上发现一艘可能载有大规模杀伤性武器的船只，完全可以基于自卫权对其进行登临检查。这样做对实施者来说显然十分方便，但却存在自卫权被滥用的风险。其次，在第二种理论中，在确实遭到袭击的情况下可以采取自卫行动，这本应属"战时法"的范畴，但却放到了自卫权范畴内诠释，"诉诸战争权"很有可能被过度延伸以至于外溢到"战时法"的范畴。

## 结　论

随着武装冲突形态的不断发展，"非国家间武装冲突"日益成为一种不可忽视的冲突样式，这方面的法律空白，值得法律界进行深入研究和思考。在美军开展的针对"基地"组织的"持久自由行动"中，这种冲突样式得到了充分展示，也出现了相应的应对方式。但未来还会出现更多类似的冲突样式，在传统武装冲突法暂时缺位、新的法律规定尚未出台之际，梳理研究法学界最新理论研究成果就显得尤为重要。当然，我们也必须承认，上述三种理论并不完美，或者说存在很多缺陷，但毕竟为公海上登临外国船旗国船只提供了一条思路，未来也有可能成为相关国家用以正名（Justify）其行动的法律依据。在特殊情况下，例如某船舶被恐怖分子完全控制，有确切证据证明恐怖分子即将利用该船对某国发动武装袭击，而此时船旗国也放弃对该船负责，那么此时基于自卫原则采取的行动，应当不会引起太多法律争议。国际法规定的"灰色地带"或空白地带，既可能成为束缚相关国家手脚的"禁地"，也有可能成为某些国家大展身手、创设规则的试验场。

# 第九章
# 海上占领行动

《海牙第四公约》和《日内瓦第四公约》仅对占领陆上领土做出了规定，至于占领海上领土的问题，我们可以根据两部公约推理相关规定。占领海上领土要满足一定条件，首先需要占领与海上领土相邻的陆上领土，其次要有对相关海域实施有效控制的足够能力。

## 一、法律依据和范围：占领法与海上领土

在帝国主义和殖民主义时期，占领他国领土十分常见，也不需要任何法律规范。从武装冲突到战争，到恢复和平秩序，直到最终重建地方政权，占领行动始终是必要的组成部分。根据以色列著名国际法学家帝因斯坦的定义，当战斗停止时的界线与原来的疆界线不再重合，其间的领土被一方占领并有效控制，这就是所谓的敌方占领行动。敌方占领法属于国际人道主义法和武装冲突法规范的范畴。

占领法具有双重功能。一方面，它允许占领方使用所有必要手段保护己方部队、应对袭击行动；另一方面，占领方必须保护占领区内的民众并维持当地的法律架构和秩序。

一般来说，占领方政权的合法性与其是否有权发动战争无关。由于占领行动可被视为侵略行为①，所以从诉诸战争权的角度来讲，占领的法律后果可能会很严重。占领行动可能会违反禁止使用武力的原则，进而使被占领方拥有自卫的权利。

在被占领土上，军事当局要在制造紧张气氛与确保公共秩序与市民正常生活之间寻求平衡。与此同时，某一军事当局在被占领土

---

① 源自联合国对"侵略"的规定。

上的存在本身就是占领法得以实施的构成要素。

(一) 法律依据

占领法的法律渊源主要是1899年的《海牙规则》(Hague Regulations)，随后，相关规定被修订并归入《海牙第四公约》(1907年) 以及《日内瓦第四公约》(1907年)。海牙公约侧重对占领区民众的保护，这是其与《海牙规则》的显著差异。根据《日内瓦第四公约》第154条规定，该公约是对《海牙规则》的补充[①]，所以《海牙规则》一定是占领法的主要法律渊源。此外，日内瓦附加议定书也对占领别国领土做出过一些规定。但这些规定的适用性取决于相关国家是否受议定书的约束，或者说这些规定并非习惯国际法，所以其局限性十分明显。再者说，该议定书在规范占领法中的保护原则时，通常借用国际武装冲突法中的保护原则，因此其适用性就更窄了。人权法也有可能构成占领法的法律渊源。比如说，在国际法院有关"以色列隔离墙咨询意见"中，人权法就在国际人道主义法的专属领域或平行领域得到应用，但问题是国际法院从未将人权法作为特殊法优先适用。因此，人权法只有在国际人道主义法不是很明确或存在漏洞时才会发挥一定作用。在规范限制军事占领当局行为方面，尽管人权法能够发挥一定作用，但其始终都是《日内瓦第四公约》的补充。1913年通过的《牛津手册》(Oxford Manual) 尽管未被认定为国际条约或习惯国际法，但其特别提到了占领海上领土的问题，因而也可以成为占领法的法律渊源。

(二) 占领法的范围和适用性

在分析军事当局对某一海域的占领行动之前，必须首先清楚相关法律渊源的适用范围和适用程度。

1. 《海牙第四公约》及《海牙规则》

尽管源自于《海牙规则》的占领法已被视为习惯国际法，[②] 但

---

[①] ICJ (2004), para89; Dinstein (2009), p.6.
[②] Trial of the Major War Criminals (1945); ICJ(2004).

根据《海牙第四公约》第 2 条规定，海牙公约及其附件（即《海牙规则》）仅适用于缔约国，而且仅限于交战双方同属公约缔约方的情况。

《海牙规则》第 42—56 条对军事当局对敌方被占领土的统治做出了规定。其中，第 42 条规定，适用《海牙规则》的前提条件是该领土被置于敌方军队的权力之下。

至于《海牙规则》是否适用于被占海上领土则存在很大疑问。从实证主义角度讲，《海牙规则》的标题中明确写明"关于陆上战争的法律与习惯"，因此可见，缔约者当初对占领海上领土的问题并不感兴趣。鉴于《海牙规则》是占领法的主要渊源，因此占领法的核心要义恐怕也不适用被占海上领土。对于习惯法来讲也是如此，因为其渊源来自《海牙规则》声明。

为了厘清法律适用问题，我们必须首先明确两个问题。一是《海牙规则》是否适用海上领土；二是占领海上领土与占领岸上领土两者是否可以独立存在？亦或是占领岸上领土是占领海上领土的先决条件？

纵观《海牙规则》关于占领行动和相关军事当局的规定，我们可以将其分成三大类：第一类，规范占领者和管理者的权利以及维持公共秩序的规定；第二类，关于保护居民和财产的规定；第三类，关于国家财产和自然资源的规定。这些规则似乎仅能适用陆上占领行动。仅在个别情况下，当占领方有足够能力时，《海牙规则》才有可能适用海上领土，如有关被占领国家的附属物及自然资源的规定可能包括鱼类资源或海床资源。

从法律角度讲，当某一领土上的原有政府被驱逐出去，并已丧失对其海域的控制，如果国际法有关占领当局的规定仅适用于陆上，显然有些缺憾。根据《海牙规则》，"领土"一词可以做广义理解，即包括海上领土，应当涵盖一国领土主权所及的任何地方。海洋领土又被称为"领水"或"领海"。《联合国海洋法公约》中有过明确的规定。

根据国际法规定，占领行动并不能影响一国的主权。根据禁止兼并他国领土原则，一国主权不会因占领行动而转移，被占领的国家仍保有对其领土的法理主权。[①]

《海牙规则》中提到了"海上"（at sea）和"海底电缆"（submarine cable）及相关占有、没收问题，看来缔约方应当希望将占领法延伸到海洋，即《海牙规则》适用海上领土占领问题。

1913年《海战法手册》（Manual of the Laws of Naval War of 1913）第88条明确规定，"只有在陆上领土被（同时）占领的情况下，对海上领土（包括海湾、锚地、港口以及领水等）的占领才可能存在。"因此，该条文明确支持《海牙第四公约》适用海上领土。[②] 在2003年美英联军占领伊拉克期间，两国就采取这一立场。

国际法中有关军事当局的规定也支持这一观点。根据《海牙规则》第43条规定，军事当局应保护当地居民并承担恢复当地公共秩序的义务。如果该义务不适用海上，那么就会形成事实上不受管制的区域，海上居民的权利（如渔业和海上安全）就将得不到保证，这显然与《海牙规则》中有关保护居民及其生活的规定背道而驰。

然而，《海牙规则》中关于占领的相关规定仅提到了"陆上"（land），并没有提海上（sea）。这一措辞上的差别似乎阻止了《海牙规则》对海上占领行动的直接适用。但在现实中，一国的领土主权一定会从岸上延伸到海上。当该国陆上领土被占领后，如果没有关于海上领土的规定，那么海上领土就成了国际法上的"灰色地带"。因此，将《海牙规则》中关于权利义务的条文进行适度解读，并用于海上领土就变得合情合理了。

对于"占领海上领土与占领岸上领土两者是否可以独立存在"的问题，首先，所涉领海作为主权领土的地位与其邻接的陆上领土密切相关。抛开陆上领土单纯谈海上领土的法律地位显然是没有意义的。[③] 况且，如果海洋领土可以被单独占领，那么《海牙规则》

---

[①] Dinstein (2009), p.49; UK Manual (2004), para. 11.9 - 11.10; Gasser and Dormann (2013), pp. 274-275.

[②] 《海牙第四公约》是关于陆战及陆上领土占领的公约。

[③] 这与国际法上"以陆控海"的基本原则一致。

的大部分规定就要做出修改，即强调该规则仅规范陆上发生的或受陆上形势支配的情形。在实际操作中，如果没有对滩头的控制，《海牙规则》第42条针对军事当局做出的"有效控制"规定肯定无法达成。1913年的《海战法手册》第88条明确指出，对海洋的占领只有在同时占领滩头的情况下才能发生。① 换句话说，不占领滩头，就不可能占领海上领土。

2. 《日内瓦第四公约》关于战时保护平民的规定

该公约规定，"凡在一缔约国的领土一部分或全部被占领之场合，即使此项占领未遇武装抵抗，亦适用本公约。"《日内瓦第四公约》被认为是习惯国际法，因此这部关于战时保护平民的公约对签约国和非签约国都有约束力。与《海牙规则》相比，该公约在谈及战时保护平民的问题时，并未限于陆上领土，也未对领土类别做出具体区分，这样做主要是为了充分实现对平民的全面保护。因此，我们可以肯定《日内瓦第四公约》关于战时平民保护的规定，也适用海上领土被占时对海上平民的保护。

3. 《第一附加议定书》

《日内瓦公约》的《第一附加议定书》是1977年通过的，其主要内容是保护国际武装冲突中的受难者。该议定书的适用范围应当与日内瓦公约一致，而且其中的很多条款已成为习惯国际法。从法律上讲，该议定书也适用海上领土被占领的情况。

4. 人权法

人权法当然适用占领行动。占领法一般被认为是一种特殊法，是国际人道主义法的一部分，因此人权法只有在占领法没有具体规定的领域才适用。

在占领行动中，人权的适用要超越边界范围，即占领国家必须对被占领土实施有效控制和管辖，以保护当地的人权。但是，美国和以色列等国并不接受人权法适用被占领土的规定。在这种情况下，根据《海牙规则》第43条规定，如果人权法是一国的"现行法"，

---

① Manual of the Laws of Naval War (1913), p. 317.

那么占领国就应当受到当地人权法的约束。

5. 联合国安理会决议

根据《联合国宪章》规定,联合国安理会作为立法权威,可以对占领方施加额外的责任或义务,也可以赋予其具体权力。2003年安理会通过1483号决议,对美英联军占领伊拉克的行为做出规定。该决议肯定占领法适用该行动,为占领行动制定了法律框架,尤其是强调占领方不会因占领行动获取伊拉克的主权,国际人道主义法适用伊拉克,美英联军要在伊拉克实施有效管理,当地居民享受伊拉克石油的收益权。安理会决议还可以为占领行动做出新的规定,如设立针对"伊拉克特别代表"的监督程序、成立国际顾问和监督委员会以及聘用公共会计师等。

## 二、军事当局:相关要求与适用法律

根据《海牙规则》第42款规定,"当一国领土被置于敌军权力或权威(authority)之下时即被认为是占领(occupation)。"这一规定表明,该权力或权威(authority)要依靠军队(military),而占领行动也要依靠军队来执行,因此"军事"和"权力(权威)"是不可分的。当这种军事权威被具体化为统治实体后,也可理解和翻译为"军事当局"(military authority)。《海牙规则》作为习惯国际法,[1] 在定义军事当局时显然特别强调其"军事"特征。

### (一)军事当局的含义

军事当局要通过占领国军队对被占领国部分或全部领土实行有效控制。根据《海牙规则》第42款,只有在军事当局存在的情况

---

[1] Benvenisti E (2012) The International law of Occupation, 2nd edn. Oxford University Press, Oxford Center for Law and Military Operations, P. 44. CLAMO Website:https://www.jagcnet.army.mil/CLAMO. Accessed 19 June 2017.

下，占领行动才能实现，占领法才能适用。① 可见，军事当局是占领法的核心要素。鉴于《日内瓦第四公约》和《第一附加议定书》都未提及这一术语，因此这两份文件对占领法尤其是我们正在研究的海上占领法的指导意义可能要相对弱于《海牙规则》。

## （二）要求与范围

### 1. 要求

根据国际法规定，占领法适用的时机是占领方从被占领方手中夺过对某一领土的控制权。因此，其转折点是占领方比被占领方更适合对某一领土及其上居民行使权力（authority）。占领方军队必须具备对该领土及其上居民行使权力（authority）的能力。

根据《海牙规则》第42、43款规定，军事当局的存在必须满足两个条件：首先，受敌方行动影响，原政府无法对相关区域行使有效权力。② 其次，占领国军队实际取代了被逐政府的权威。③ 根据这一观点，占领方必须有效行使原政府的权力，特别是基本的政府职能。这意味着，一支军队仅仅存在于他国领土之上，并未对其居民行使有效权力，那么在法律上就不能称其为占领方。④ 这种情况下就不能适用《海牙规则》，被占领国及其军队也不必服从其统治。⑤

也有人认为占领方只需对被占领土实行潜在控制即可，也就是说只要其具有取代原政府权力的实力即可。⑥ 这一立场显然降低了法律意义上有效统治的标准。其优点是，占领方军队不能借口其没有实行有效统治便否认占领行为，进而摆脱《海牙规则》的制约。一旦他们对某一领土的有效控制已达成，即便没有有效行使权威，也

---

① Gasser H-P, Dormann K (2013) Protection of the civilian population. In: Fleck (ed) The handbook of international humanitarian law of armed conflict of the German armed forces. 3$^{rd}$ edn. Oxford University Press, Oxford, pp. 268-270.
② 《英国手册》(2004) 第11段第3条。
③ ICJ (2005), Para. 173.
④ Benvenisti (2009), para. 5.
⑤ Benvenisti (2009), para. 5.
⑥ 联合国前南刑事法庭就持这一观点。此外，纽伦堡法庭、《英国手册》、《德国手册》等也持这一观点。

必须自动受到《海牙规则》的制约。这种观点对占领区的居民可能会更有利，因为它强化了占领方保护当地居民的义务。但目前为止，这一观点还没有得到任何国际公约的支持。

2. 敌方占领条件下的有效控制

衡量军事当局的标志是有效控制，而衡量有效控制的标准是占领。[①] 法学家费拉罗（Ferraro）曾提出有效控制的三个指标：一是外国军队的不间断存在；二是外国军队替代当地政府对相关领土行使权力的能力；三是原政府丧失对其领土行使主权的能力。[②] 然而，这些指标在判断是否构成有效控制时仍然不是很明确。前南国际刑事法庭曾针对占领行动是否成立提出过具体的指导性意见。[③] "占领方必须能够取代被占领方行使权力，而后者必须公开丧失行使职能的能力。被占领方的军队已经投降、被击败或击退。在此方面，战场不应被认为是被占领土。然而，零星抵抗即便成功，也无法改变占领的现实；占领方必须拥有足够的军事存在，或在合理的时间内，派遣部队行使权力；要能够建立起临时行政机构，并向当地居民发布并执行命令。"[④]法学家本维尼斯提（Benvenisti）似乎认同前南国际刑事法庭的观点，但他更关注占领方军队的相关指标，即占领方军队必须能够在合理时间内派出分队，在被占领土内行使权力。维持有效控制的部队数量取决于多重因素，例如居民的分布、人口数量以及地形特征等。间歇的抵抗即便取得成功，也不能改变占领的现实。但是，如果某块领土被对方夺回，占领方必须重新夺回并实施有效控制，在此期间，占领行动可视为不存在。占领方军队不需要在所有区域始终保持存在。[⑤] 如果其部队能够驻守战略要地也意味着对领土的有效控制。[⑥]

为实现有效控制，占领方军事存在应达到的指标是，占领方至

---

① Ferraro (2012), pp. 139 – 140.
② Ferraro (2012), pp. 139 – 142.
③ ICTY (2003), para 217.
④ ICTY (2003), para 217.
⑤ Benvenisti (2009), para. 8.
⑥ Gasser and Dormann (2013), p. 269.

少要有以明确方式对被占领土及其居民足以行使控制权的能力。[1] 有效控制并不绝对，不排除一些抵抗行动的存在。在任何情况下，都不需要对占领行动做出正式宣布，从占领法角度而言，这样做也不具备任何法律意义，即便这样做有利于与当地居民进行互动。[2] 总之，占领行动是否成立还要具体情况具体分析，当前的有关规定还不足以对其做出明确具体的界定。

3. 军事当局的范围和限制

《海牙规则》第42条第2款规定，"占领行动的延伸边界就是占领方权力得以建立和行使的边界"，也就是有效控制得以实现的范围。如果控制的某块领土上仍在战斗，或被对方夺回，那么占领行动就没有达成，占领法也无法适用，除非占领方重新取得该块领土的有效控制权。[3]

（三）军事当局占领海上领土方面的规则转化及适用范围

1. 对海上领土的权力及有效控制

一般而言，陆上占领法可以直接或间接适用海上领土。《牛津手册》[4]指出，陆上占领规则在适用海上占领行动时必须经历转化过程。[5]《海牙规则》第42条规定，敌方军队对陆上领土行使有效控制才能够称为占领。具体到海上占领行动，则要考虑很多特殊条件。

在陆上占领行动中，原政府对某一领土的权力让位于占领者。占领方要对该领土进行控制。这种控制是指有效控制，并不要求其军队在所有地域持续存在。占领方必须具有足够的军事存在，或至少在合理时间内，有能力向被占区域派出部队行使权力。部队的数量取决于多重因素，如人口分布和地域特点，基本要求是进行有效占领。

---

[1] ICTY (2003), para. 217.
[2] UK Manual (2004), p. 276, para. 11.4.
[3] Gasser and Dormann (2013), pp. 268 – 269, 272 – 273; UK Manual (2004), pp. 275 –276, para. 11.2, 11.3.2; German Manual (2013), pra. 528.
[4] 即《海战法手册》。
[5] Dinstein (2009), p. 47.

但是，在海上部署多少海军力量才足以对某一领水进行有效控制，是一个很难回答的问题。《牛津手册》完成于1913年，当时关于海军数量的规定显然无法适应当前世界。但可以肯定的是，海军在被占海域的存在是一个基本条件，仅凭空军在该海域的存在显然是不够的。考虑到现代科技的发展进步，对某一海域进行有效控制在技术上显然也是可能的。

至于陆上占领规则中关于影响军事当局存在的因素，如持续的抵抗或被原政府夺回被占领土等，都可以直接适用海上占领行动。但是，正如《牛津手册》第88条所提到的那样，除了满足有关占领的法律前提外，还要同时占领岸上领土。如果陆上占领行动已经达成，海上军事权威也必须相应建立起来，以进行有效占领。

如果原政府仍然控制与被占陆上领土相邻的海上领土，并且可以自由进出，即便占领方已经控制了岸上领土，也无法达成对海上领土的控制。在此情况下，鉴于占领方无法单独对该海域行使主权，该海域由谁占领还处于未定状态。类比陆上占领法，如果占领方海军部队可以在合理时间内派出舰只迎击原政府海军，并将其驱逐或击毁，进而有效保护被占海域，那么这一占领条件就是绝对充分的。

对某一海区的有效控制很像海上划定战争区域或海上封锁行动。划定海上战争区域或设置海上禁区行动，不管该行动本身是否合法，由于这两种行动并未在法律上明确控制的程度、效果，所以不适合用于诠释有效控制。对于海上封锁来说，达成该行动的一个必要条件就是有效性。这就意味着在封锁控制之下，进出某一区域要么被完全切断，要么很容易被发现并阻拦。如果某一封锁行动并没有效果，那么为封锁行动而采取的所有措施将丧失法律效力。[1] 同理，如果封锁行动偏袒或限制某些国家的特定船只和航空器，封锁行动也将被视为非法。[2] 所以，国际法上对有效性的问题有严格的规定，而且可供解读的空间也非常小。但是，有关封锁的规定是否可以直接

---

[1] 《德国手册》（2013年）第1063段，《美国海上军事行动法指挥官手册》（2007年），7.7.2.3。

[2] 《美国海上军事行动法指挥官手册》（2007年），7.7.2.4。

转化为关于占领的规定,也存在巨大怀疑。占领行动强调占领方对某一片海域进行有效控制,而封锁仅强调对某一线进行有效控制,只要守住这条线就可以。封锁行动要求限制所有外来者进入某一海域,而占领行动没有这样的要求。占领行动需要将海上领土归自己所有,对该区域进行有效控制,努力从内部和岸上抵御敌方入侵。占领行动不需要阻止包括中立国船只在内的所有船舶进入该区域。总而言之,海上封锁行动中有关有效控制的标准并不能直接转化到海上占领行动中。

在海上占领行动中,原政府的海军力量必须被驱逐出被占海域。占领方海军必须投入足够力量以便取得该海域的有效控制权;必须能够在合理时间内向被占海域内任一一点部署海上力量。因此,占领方如果仅仅击溃原政府的抵抗,但未能建立起有效管辖的话,该占领行动就很难达成。[1]

至于控制该海域需要多少船只或者哪类船只,一般没有定论,这要取决于多重因素,如当地人口及其共同习惯、交通状况以及自然特征等。判断占领行动是否达成,还要具体情况具体分析。

在研究海上占领行动时,还必须考虑其他重要因素。如无害通过问题。根据国际法规定,他国船只(不包括军舰)在一国领海内享有无害通过权。那么在被占领海内,他国船只(不包括军舰)也应享有这一权利。如果被占领海同时也是国际海峡或群岛海道,那么占领方必须确保该海域安全畅通,并管理海上交通。[2]

在海上占领行动中,占领方必须对所占海域进行一定程度的监控,以确保其能够在合理时间内对侵犯海上边界或夺回被占领海的行动做出反应。为实现这一目的,占领方可以在被占海域内布雷,但必须遵守相关的法律规定。[3]

为进行有效监控,占领方可以使用无人机或海上无人航行器监视被占海域。随着无人技术的快速发展,很多人认为海上占领行动

---

[1] 《英国手册》(2004年),11.3.2。
[2] 依据《联合国海洋法》关于无害通过和过境通行的相关规定。
[3] 《圣雷莫手册》,第80—92段。

中有关"有效控制"要求完全可以依靠无人机或无人航行器来实现，这样的话，《海牙规则》第42条有关占领的规定（有效控制）也将被重新解读。但仅凭无人技术是无法实现和维持有效控制的，因为无人技术无法完全取代士兵在被占区域内的存在。

如果占领方在被占海域布雷、实施封锁或设置各种禁区，那么它必须遵守及时通报中立船旗国船只的规定。

2. 范围

占领海上领土的前提是占领与其相对应的岸上领土。在此基础上，还要确定海上被占领土的延伸范围。根据《牛津手册》第88条规定，海上领土由海湾、港口和领水构成，但被占领海的边界应该在哪呢？根据《联合国海洋法公约》第3条和习惯国际法规定，领海一般最多可以向外延伸12海里，其外部边界要依据《联合国海洋法公约》第4条和习惯国际法确定。那么，被占领海的宽度必须与被占陆上领土的宽度一致，还是可以按照军事当局的意图，呈漏斗状向外延伸？如果占领方海军所占海上领土大于陆军所占陆上领土时，第二种情形就会出现。根据占领海上领土必须同时对应占领岸上领土的原则，我们可以推断，被占海上领土范围应当由被占陆上领土决定。至于陆上领土占领中的"有效控制"原则，由于其并没有十分明确的标准，在确定被占海上领土边界时必然会产生模糊地带，所以并不适合确定海上边界，况且在海上，占领方不可能将军舰部署在边界的各个角落，这样判断起来就更难了。因此，应当依据陆上被占领土的边界判断海上被占领土的边界，其划界方式应当与一般领土划界方式相同。

军事当局的占领范围仅包括领海，还是可以包括毗连区或专属经济区？《牛津手册》第88条仅仅提到了领海，并没有提到毗连区和专属经济区。但是，《牛津手册》毕竟是1913年的产物，而关于毗连区和专属经济区的规定产生于1982年的《联合国海洋法公约》，当然不能指望《牛津手册》给出答案。

毗连区和专属经济区都是一国主权水域，只不过所涉及的权力有所不同，如专属经济区仅指该国对区域内的资源享有主权。根据占领法规定，如果占领行动已经完成，那么占领方就应接管对相关区域的管辖权和行政权①。占领法还授权占领方采取与实际控制相关的各种措施。而与毗连区和专属经济区有关的各种权利和义务也与实际控制有关。《联合国海洋法公约》第33条对毗连区和专属经济区的规定也支持这一点。《联合国海洋法公约》第33条和《日内瓦领海和毗连区公约》提到"占领行动"，《联合国海洋法公约》第35条提及"沿海国的权利和管辖权"。因此，在占领期间，与毗邻地区和专属经济区有关的权利也可以转让给占领方，条件是占领方能够在这些地区行使控制权。

此外，如果将毗连区和专属经济区排除在占领方的权利和义务范围之外，会造成一个类似的法律"灰色地带"。这将意味着，一旦原政府的管理机构被驱离，这些地区自然资源的开采将不受控制。这可能会损害该地区的居民（如渔民）的利益，有悖于占领法的立法目的和《海牙规则》第43、44条规定的保护资源免受损害和窃取的义务。

关于对专属经济区的控制，只有在建立石油平台等基础设施且这些设施被占领方掌控的情况下，才能对这些区域实施有效的控制。那么，只有利用这类设施开采自然资源的人才承担权利和义务，而在没有这类基础设施时，就没有任何权利和义务。此外，没有法律理由必须对专属经济区可能的军事管控进行限制，因为控制领海的门槛相当低（在合理时间内能够实施控制和反应）。这会危及原政府对自然资源的权利和所有权（原政府保留对资源的主权）以及被占领地区人民的权益。

因此，如果占领方军队能够像对领海一样，在毗连区和专属经济区扩展和行使其控制权，这些区域就可能被占领方军事管控。然而，控制必须限于沿海国权利，不得被视为领土权利。还有人认为，这同样适用于大陆架的资源开发权，其法律基础源于陆地领土，且具有可比性。

---

① German Manual 2013，para. 530.

最后,对上述海域占领的开始和结束可以直接沿用对陆地占领的完备规范。

综上所述,当可能控制一块海域时,占领方必须具备行使《海牙规则》《日内瓦第四公约》和《第一附加议定书》规定的权利和义务所需的一切能力,这也适用于对海洋领土的占领。

## 三、占领方的权利和义务

### (一)《海牙第四公约》第43条

根据第43条,占领一旦确立,占领方应采取一切力所能及的措施恢复并尽可能确保公共秩序和安全,除非不可抗力,应遵守该国现行法律。第43条被公认为习惯国际法。一方面,它意味着占领方有权采取"所有措施"行使权力;另一方面,它又通过让占领方承诺遵守(除国际法规定的额外义务外)现有的当地法律,来限制这些权利。然而,这一限制由于可能有例外而被放宽,因为占领方也能以"不可抗力"为由,抑损这些法规。

第43条的总体目标是赋予占领方权利,允许他们在占领期间,以一切可行的方法和手段,打击任何动乱,以保护当地居民。然而,第43条也可以被解释为优先考虑占领方(和原政府)的利益,而非居民的利益。为了实现这些目标,第43条包含两个"密切相关"的要素:行政和立法。它们都源于建立和保障公共秩序和安全的责任。立法要素是现行法律(有限)连续性的产物。

**公共秩序和生活安全**

"恢复和确保公共秩序和安全的义务"要求占领方采取一切"可用的、合法的、相称的"措施,来应对那些受法律保护的权利所面临的威胁。然而,法律无法保证这些行为必然成功。依据法律文本,术语"公共秩序"(public order)和"安全"(safety),必须理解为"公共秩序"和"生活安全"。因此,它们的范围比公共安全更广(已经隐含在"公共秩序"一词中)。除了重建公共秩序之外,还必须保护平民百姓"有序生活不受损害",因此占领军必须维护居民的社会生活和权益。就稳定经济和社会环境的义务而言,占领方可以采取行动促进被占领土的经济发展。《海牙规则》第43条必须被视为与维护公民生活有关的通用规则。公民生活的内容在《海牙规则》第44—56条中有具体规定,在《日内瓦第四公约》第50—52、54—62条和《第一附加议定书》第63—69条中也有补充。

在占领行动中,占领方可以不设立专门的行政机构,由常规部队管理被占领土。根据具体形势的需要,促进公共秩序的措施既可以是警察行动,也可以是军事行动。然而,军事行动主要遵循国际人道主义法,其法律框架有所不同。相比之下,警察行动必须遵守国内法,也可能要遵守国际人权法(存在争议)。此外,军事行动和警察行动的目的、方向、目标也可能大相径庭。

《海牙规则》第43条规定,通常必须维护现行的国家法律制度,而且宪法不得改变。如果把这一限定视为绝对的,那么甚至不能改变原独裁政权的法律制度,即使它剥夺了大多数人的基本权利。那样,占领方就无法履行其在社会生活方面的职责。占领方权力和义务间的这种矛盾,可以依据《海牙规则》第43条的措辞——"除非不可抗力"来化解。这可以被解释为允许改变或中止现行法律。然而,其确切的意义依然模糊。这些例外也可以理解为受限的,只允许有限的法律变更。这种抽象的措辞,带来了一定的灵活性。因此,《海牙规则》第43条有时被用于支持大幅度的法规修订,但在另一些情况下,它对立法权的措辞又非常保守。大多数情况下,"除非不可抗力",被理解为当地法律可以被中止、改变或废除。在当地法律制度不适当或不足以恢复和维护公共秩序,甚至法律制度本身是公共动乱的根源时,就会出现这种情形。例如,如果当地的法规带有歧视性,限制一些人群进入某类行业或公职(宗派系统)。除维护公共秩序的原因之外,居民的权益和武装冲突等"紧急情况",也被视为可以调整改变当地法律制度的合法例外。此外,《日内瓦第四公约》第64条的措施也支持这一解释,阐明了占领方有权修改法律,"促使……履行其义务"。有些人甚至将"除非不可抗力"的含义扩展到"有必要"或只要有"充分理由"。在评估过去十年对伊拉克的干预和其他"变革性"占领时，必须考虑这类权力的扩张。

如果占领方立法的条件已经具备，占领军是否实施、如何实施立法就成了实际问题。

一般来说，军队的核心能力不包括立法。然而，在进攻他国时，特别是在占领开始时，有时军队必须先颁布一些法规，来恢复和维护公共秩序。立法的范围很广，技术性也很强。例如，是否需要修订一个国家的宪法，或者特定法律领域是否像海洋法一样受到影响。此外，法规变更应尊重被占国家的社会文化特性，方便民众接受新法规。这让立法变得更为复杂。立法的需求和强度，会随占领的范围大小和持续时间长短而升降。因此，军队需要专门的法律专家，他们在立法和行政程序方面有经验（立法会延伸到行政问题）。在每个案例中，立法机构的组织和权限都必须明确，且取决于占领的任务、法律基础和各自的（政治）目标。立法会也有可能由文职专家或军民混合小组实施，特别是当占领持续时间很长时。国际军事联盟的占领，由于需要更多协调，会使立法进程更加困难，但也通过资源共享减轻了各个国家的负担。

根据这些调查结果，北约可以建立和维持一支法律和行政人员队伍，以便能够在占领期间启动和协调立法程序。这项任务源于推广国际人道主义法的义务，因为占领法是国际人道主义法不可分割的部分。盟军转型司令部欧洲参谋部（ACT SEE）法律办公室或是执行这项任务的合适机构。联盟最适于执行此类任务，除了能节省各国的成本和资源之外，还因为联盟有由不同法律体系的国家制定的统一框架，从而可以制定一套规范的立法程序。此外，也可以收集过去占领期间的立法经验，提供给所有成员国。法律和军事行动中心（CLAMO）网站可被视为作战法律文件共享平台的一个典型例子。如果某个成员国在占领期间需要关于立法程序的专业知识，该国可以向北约求助。

占领期间立法举措的概念，是占领的配套措施，值得研究和发展。这些概念应包含规则模式和对（最）常见立法需求的相关解释

・第九章　海上占领行动・

（如公安和警察、海关和税收、腐败、基本管理），其结构应类似有详细行动规则的模块化系统，与北约 MC 362/1 文件类似。为了建立这个数据库，现有的法律和金融分析系统（LAWFAS）可能是一个有用的工具。

由此，在占领任务期间，很容易为军队制定立法框架和相应的战后行动规则。借助数据库，占领军可以迅速制定法规，并保留在具体案件中决策的灵活性。

恢复和确保法律和秩序的义务，也包含被占领国对其邻国和其他第三国的权利和义务。条约法和习惯国际法都对此有要求。前政府国际义务的领土范围取决于其条款的内容。有些条约及其包含规则只与特定领土甚至单个地区有关，如管理河道交通或共享水资源。如果一项法规与一个特定区域密不可分，并且该特定区域处于占领方的控制之下，国际义务必须适用于占领方。如果这种义务针对的是被占领的某个地区，它并不局限于邻国，而是可延伸到各类国际义务。因此，占领方作为有关地区事实上的管控人，要受这些法规的约束。他们要管控有关事项，并应该遵守包括国际义务在内的现行法律制度和秩序。占领方还可以与第三国签订新条约，以履行其根据《海牙规则》第 43 条应承担的义务，特别是维护居民的权益和安宁。然而，占领者无权缔结在占领期之后对居民仍具有约束力的国际条约。

除遵守现行法规之外，占领方有义务确保占领区适用的人权法则。然而，出于公共秩序的原因，占领方在确有需要的情况下也可以拒绝一些可变通的人权法则，但不得违反其他国际义务。

最后，恢复和维护上文所述的公共秩序，还包括占领方有权在占领区以武力镇压任何军事暴动，不管这些暴动是由原政府还是当地叛乱者发动的。《海牙规则》第 43 条不能解释为，限制或阻止占领方抗击对其占领军的各种威胁和危险。因此，占领方有权颁布相关法规，以维护其自身的军事利益。在占领期间，《日内瓦第四公约》的适用期只有一年，这在其第 6 条中有规定。然而，由于与《第一附加议定书》第 3 条的措辞相悖，这一限制本身被视为无效的。尽管如此，国际法院在其《隔离墙咨询意见》中遵守了限期一年的规定。然而，许多国家，如美国和以色列，在实行行动中并未遵守这一规定（《日内瓦第四公约》第6条第3节）。由于占领是暂时性、过渡性的，法律的变更也必须相应地受到限制，有效期只能持续到占领结束。

与《海牙规则》约束占领方相比，《日内瓦第四公约》的规定面向当地居民及其需求。依据《日内瓦第四公约》的历史背景，占领方的权力随其责任的增加而增加，特别是确保公民生活的责任。因此，上文所述对立法的限制已经放宽，特别是占领者有权在被占领区促进和履行人权义务。此外，《日内瓦第四公约》第29条规定，占领方应该善待受保护人员，包括对其代理人的行为负责。"洛伊齐杜案"（Loizidou）的判决进一步完善了这一规定，在该案中，欧洲人权公约（ECHR）指出，控制权由武装部队或下属地方代理人行使，没有任何区别。最后，占领方在占领区建立必要的管理机构之前（进攻期间），占领区仍然处于战争状态时，或占领方即将失去对占领区的控制时，《日内瓦第四公约》的部分规定依然适用。

《海牙规则》第43条与《日内瓦第四公约》的相互关系及现行法规可归纳如下：《海牙规则》第43条规定了占领方权利和义务的基本框架。然而，这一框架被认为是不充分的，特别是就当地居民的利益而言。因此，相对较新的《日内瓦第四公约》制定了补充规则，重点着眼于更好更有力地保护占领区居民的利益，（进一步）扩展了占领方法律权利和义务。因此，根据现行法规，建立一个有效的行政机构，是占领方职责的核心要素。如前所述，占领方对被占领区既没有主权，也没有主权有关权利。然而，占领军可以而且必须行使临时管控，能够在原政府（或事实上的权力机构）缺失时行使其某些权利。

如果占领方未能恢复和维护公共秩序，占领方可被追究责任。当然，由于持续的武装冲突、当地人对占领军的反抗、或自身能力不足，可能会给好战的占领者履行各项权利和义务带来问题。法规针对这些义务给出了例外和限制。《海牙规则》第43条的措辞（采

· 第九章　海上占领行动 ·

取力所能及的一切措施），可以解释为占领方的责任受限于其能采取的措施。此外，根据第 43 条，"恢复和维护"秩序的责任，只是"尽可能的"。它们受限于占领方的能力和安全形势。《海牙规则》第 43 条相当笼统，没有明确规定可以采取哪些具体措施。第 43 条中"除非不可抗力"所包含的例外，也可能引起法律争议。然而，必须从占领方可能的法律行为的角度来看待这些例外。从这个意义上说，因安全原因或军事形势所需，占领军可以暂时中止（当地）法规。

然而，这带来了一个问题——"力所能及"到底指什么？占领者是否必须使用其所有可用部队，特别是来自其国内的部队，以履行占领法的义务？还是占领方保有一定的自由处理权，可以决定使用多少军队？尽管最大限度地使用所有部队看起来不切实际。法规在这一点上含糊不清，"力所能及"不能解释为使用一切可用的人和武器，特别是从来没有国家这样做过。一方面要求投入有限军事力量（防区仅足以控制占领区的所有位置）建立军事管制，另一方面要求有足够的部队去履行完全军事管制机构的义务，这是相互矛盾的。除了这一法律矛盾之外，使用尽可能多部队的沉重负担，不会获得国际社会许可，也未遵守法规。

安全方面的义务并不要求全面防止犯罪。然而，占领方必须打击掠夺、抢劫团伙和其他严重破坏安全的行为。因此，军队有义务创造一种可接受的安全水平，使警察能够保障公共秩序。最低门槛是，占领军必须有足够兵力控制占领区。由于军队或控制力量不足而引发的流言蜚语，不是占领方的责任，因为它们在法律上不影响占领的存续。然而，由于对居民安全承担义务，占领者一旦获悉安全受威胁，就必须投入足够力量来恢复公共秩序。

因此，对所需的军事管制和必要兵力采用相同标准，似乎较为合理。为此，占领法在这点上保持一致，没有给占领方强加不切实际的标准。如果总的安全和公共秩序受损过于严重，占领方将有责任派遣更多部队，维护占领和其履行责任的能力。

此外，如果占领方的能力有限，就会出现各项义务和责任的优

173

先次序问题。特别是，有必要区分占领法义务，和国际法及条约规定的一般义务。占领法本身并没有给这些规定分级。然而，与占领方和居民的安全利益相关的占领法权利和义务，必须具有最高优先级。这符合《海牙规则》第43条的要求和占领法的目的——平衡占领方和居民的利益。不能把占领方的利益置于对居民的义务之前，因为那样就违背了《日内瓦第四公约》的目标——维护居民权益。根据特别法优先于普通法的原则，源自占领法的义务比源自（通用）国际法的义务级别更高，特别是比那些源自国际条约的义务级别更高。占领方对安全和居民的责任，是高于一切的。因此，与占领法义务直接相关的国际法义务，必须优先于仅与其间接相关或对其产生影响的义务。

## （二）在被占海上领土上对第43条规定的传承和调整

只有满足海上领土的要求（有效控制），对海上领土的占领才能被认为是合法的。因此，作为通用法规的《海牙规则》第43条内容和上述具体权利和义务，在被占海上领土、毗连区和专属经济区，必须得到传承、调整、遵守。关于具体的权利和义务，必须明确每条规则在相关"海洋环境"中的适用性，一方面避免法律的"灰色区域"，另一方面防止其法律适用范围超出其订立目的。例如在海上，关于救济、医疗和食品供应的法规，很容易转化为通过海上领土进行救援的义务，而《海牙规则》第54条，则可以直接适用于占领区和中立国之间的海底电缆。

占领方的大多数行政权利和义务通常要在岸上行使，即使法规的范围影响到海上领土。

《海牙规则》第43条规定，在海上领土上，占领方应恢复和维护海上领土和邻近地区的公共生活和安全。这意味着占领方必须建立并维持一定程度的管制，如海岸警卫队、海关和渔业管控。特别是，如果占领方是《国际海上搜寻救助公约》的成员国，必须承担救援协调中心（RCC）的职责。依据确保"为向沿海遇险人员提供充分的搜索和为救援服务做出必要安排"的规定，占领方必须接管原政府的责任，承担救援协调中心职责。占领方可以像原主权国一样，管制所占领港口的进出。这些权利和义务的范围取决于原政府的现状，并受现行国家法律的限制。然而，《海牙规则》第43条规定，由于安全问题或军事需要，占领军可以限制其行政管理范围，或维持现状。

此外，出于自身的安全需要，占领方也有权维护秩序和安全。因此，占领军也可以在被占海上领土上布设水雷，但他们必须遵守关于限制水雷的国际法。

有人认为，除了管理占领区的常规义务外，占领方还要承担前政府的国际法律义务，这些义务从逻辑上应该转移到占领方。这对海上领土特别重要，因为很多国际义务涉及第三国。当原政府被驱离海上领土时，其与相关区域的所有国际义务都必须由占领方履行。对于海上领土、毗连区、专属经济区，与划定区域相关的权利特别重要。例如保障"通信和海上贸易自由"的过境通行权，和有准入权的双边渔业协定。

因此，如果占领方是这些区域事实上的管控人，占领军有义务允许他国船只在不损害其利益的情况下通过领海（《联合国海洋法公约》第17条）、群岛水域（《联合国海洋法公约》第52条）、国际海峡（《联合国海洋法公约》第33、45条）。占领方必须相应地保证这些权利，这是《联合国海洋法公约》第24、44条等规定的。另一方面，依据《联合国海洋法公约》第21、25、41、42、53、56、60、62条，占领方有权在与原始状态相同的程度上，调整对这些权利的行使。对于毗连区，依据《联合国海洋法公约》第33条，占领方享有和原政府相同的权利。对于专属经济区，占领方的权利特别受到《联合国海洋法公约》第56、58、61条的限制。如果没有法规可以管理海上领土，或法规不足，占领方可以出于居民利益和自身安全需要而制定法规。

总而言之，占领方必须允许国际航运通过占领区及相关水域，必须维持占领前的路线畅通无阻。依据《海牙规则》第43条规定，维护海上贸易自由的义务也可能受到限制。根据该条，它们受限于占领方的能力和安全形势。

除了过境、交通和贸易之外,被占海上领土和专属经济区还可能有石油、天然气和其他资源。这些资源是公共生活和居民利益的重要元素,至少是维持机构运转的融资手段。因此,《海牙规则》第43条还规定了保护邻近地区和领海资源的义务。如果占领方想继续开采资源,根据特别法优先于普通法的原则,占领方对石油等资源的开采,必须遵守《海牙规则》第55条(用益权规则)。占领方的权力仅限于公有财产。但是,它可以利用产品或收益来满足自身需要,以维持占领或造福居民。占领方还可以利用采矿设施,以及就海域而言,常规数质量的现有石油平台。除了利用现有设施之外,占领方还有责任维持这些设施顺畅运行,但前提是这种开发利用符合占领方的安全需求或居民的利益。然而,占领者是否可以在占领区建造新的石油或天然气平台,或为自身利益开采底层油田,是非常有争议的。如果新开发资源的收益被用于造福居民,这种行为可以得到较宽容的评价。

如前所述,占领方终究没有足够的能力同时履行其所有义务。可能会出现直接源自占领法的义务(维护安全)与国际法的其他义务(如确保安全通行)相冲突。

然而,义务的等级,必须遵循以下法律原则。占领方受到国际法、国际条约的约束,它们是前政府法律体系的组成部分。依据《海牙规则》第43条,占领方必须维持这套体系。由此,《海牙规则》第43条成为其他国际法的起始条款。此外,占领法的目的是平衡并维护占领军的安全和居民的权益。源自《联合国海洋法公约》等国际法和条约的义务,主要针对前政府的利益(与第三国的关系),而不是针对人民的权益。依据占领法,占领方应优先考虑居民及其部队的安全,然后才是国际法涉及的第三国安全。

由此可以推断,源自占领法的义务优先于其他国际法的义务。如果由于占领方力量不足,需要在占领法以外的法律制度的各项义务中做出选择,必须优先考虑上述与公共安全、占领军利益和居民权益直接相关的义务。与占领法无关的义务不如上述义务重要。

因此，占领方必须利用其现有力量，首先维护源自占领法的权利和义务，特别是源自《海牙规则》第43条的权利和义务。其次占领方必须履行并非直接源自占领法、但与占领法的权利和义务有某种联系的各项义务。典型例子之一是，如果渔业是占领区人口的主要食物来源，占领方有义务管控渔业。通信和海上贸易自由也可能属于这类义务，只要它们对维护居民权益（公共生活）至关重要就必须得到履行。然而，如果生存和健康对居民是重中之重，那么与食品、药品相关的义务相比，维护居民经济利益的义务就不那么重要了。

在任何情况下，占领方应尽力履行其职责，避免对第三国造成任何损害。占领方最低的力量要求，必须满足控制占领区的需要。如果占领方在海上无法实施有效控制，那么与通信和海上贸易自由相关的义务仍由前政府承担。除非为了维持军事管控，法律没有要求向占领区派遣额外船只。此外，与海上交通有关的职责也要求大致相同程度的有效控制。如果由于军事优势不足等原因，对国际海峡无法实施足够的控制，该区域则被视为没有被占领。

如果占领军无法履行允许过境通行等职责（由于不可抗力因素或力量不足），占领者至少应该通知国际社会和相关国家。从"科孚海峡案"可以推断出对领海的这一义务。这与海上封锁或建立布雷区的情形相似，因为（完全）限制使用国际海峡或无害通道，也对中立航运构成了威胁。"科孚海峡案"的措辞提及了"考虑总体航运利益"，说"这些义务"包括在各种危险情况下发布通知。也有些人认为通知义务是习惯国际法的规定之一。无论如何，必须注意的是，依据占领法，占领方在这方面采取的任何措施和制定的任何规章，有效期只能持续到占领结束。

## 结　论

对领海及其邻近地区的占领，对现行占领法提出了几项挑战。尽管这些问题与占领法密切相关，但占领伊拉克的例子和伊拉克近海设施使用的问题表明，这些问题从未被深入探讨。研究发现，现行法律和通用规则适用于对领海及其邻近地区的占领。《海牙规则》可以直接适用。《海牙规则》第 42 条对军事管控提出的要求是占领方有效控制，这必须从广义上理解为对整个占领区的控制。这个概念可以不受限制地转移到海上，但必须适应海上领土的特点。占领海域必须要有一定数量的兵力。根据《牛津手册》的历史经验，对海上领土的占领必然伴随对邻近陆地领土的占领。被占陆地领土的范围也界定了被占海上领土的地理范围。占领终结等其他法律限制，如法案的有效期和变更办法，也可以同样方式适用于海上领土。海上领土占领方的法定权利和义务，与占领陆地领土的情况不尽相同。一方面，通用条款《海牙规则》第 43 条也明确了占领方的国际义务，特别是关于海洋法以及通信和海上贸易自由的义务。另一方面，《海牙规则》的一些具体权利可能不适用于海上。在很多情况下，占领方都有权限制部分权利和义务。这些例外可以出于安全需要、军事必要性和占领军自身的力量限制。然而，占领方必须恢复并维护公共秩序、安全和居民的生活。

总之，只要达到现行法的要求，占领方就必须遵守占领法，并履行相关权利和责任。这些责任的例外情况不取决于占领方的意愿，而是取决于客观事实、实力和可能性。特别是当第三国的权利（如通信和海上贸易自由）可能受影响时，占领方有义务利用其军事力量，尽可能在被占海洋领土上维护这些权利。

# 第十章
# 海上封锁行动

封锁是一种非常特殊的海上军事行动。本章将对封锁行动进行简单介绍，并探讨其在几个世纪以来的发展历程。本章尤其关注20世纪初的封锁，并探讨这些行动失败的原因。

## 一、封锁

封锁被定义为"旨在对敌人施加经济压力的军事行动"[1]，"阻止所有国家（包括敌方和中立国）船只和/或飞机，进出属于敌国或被敌国占领控制的特定港口、机场或沿海地区"[2]。封锁行动的目的是阻止对象国的所有海上贸易。[3]

虽然封锁在许多方面与围攻[4]相似，但它在三个基本方面与围攻不同。第一，现代封锁关注的是被封锁国的经济。围攻是一种战术行动，目的是使当地驻军投降；而封锁是一项战略行动，其目标是使目标国的经济受损，以至于无法维持作战能力。第二，围攻通常

---

[1] Phillips, *supra* note 1 at 230.

[2] US Naval War College *Annotated Supplement to the Commander's Handbook on the Law of Naval Operations*, (Newport 2007: US Naval War College) at 7–26 [*Commander's Handbook*].

[3] For the purpose of this paper, "blockade" refers only to the traditional method of warfare by which a belligerent power prevents egress or ingress of all maritime vessel or air traffic to or from the ports of a blockaded state. It does not include any restrictions on land transport or any other form of economic or political isolation of a state.

[4] A siege is a military operation in which enemy forces surround a town or building, cutting off essential supplies, with the aim of compelling those inside to surrender. Online: Oxford Dictionary < http://english.oxforddictionaries.com/view/entry/m_en_gb0771540#m_en_gb0771540 >.

包括对目标地区的轰击,而实施封锁的船只通常驻扎在大多数沿岸武器的射程之外,不会向被封锁的海岸开火。第三,围攻很少涉及比一个城市更大的区域。因此,其影响仅限于围攻区域。而封锁的影响范围非常大。依据封锁法,封锁部队必然阻止目标国港口的所有海上贸易,不仅会严重影响被封锁国的经济,也会对其贸易伙伴的经济造成巨大影响。

只要封锁的目标是摧毁被封锁国的经济,封锁行动就必然会对平民生活造成严重损害。历史表明,封锁可能给平民带来极大伤害。①

## 二、封锁法

为评估封锁这种作战手段在当代冲突范式中的合法性,理解其法律和历史演变是至关重要的。同样重要的是要理解封锁作为一种经济战形式的发展历程,它可能对中立国商业造成的影响,以及从人道主义的角度,它可能对被封锁国平民产生的影响。

---

① See e. g. N. P. Howard, "The Social and Political Consequences of the Allied Food Blockade of Germany 1918 – 1919"(1993) 11 German History 161. Although it is difficult to determine the exact number of deaths that were directly attributable to starvation as a result of the blockade, conservative estimates are that approximately 250, 000 German civilians died of starvation during the winter of 1918 – 1919. See also United Kingdom House of Commons Research Paper 98/28, HC Deb 21 January 1998, c990, which stated: Since the imposition of economic sanctions on Iraq in 1990, the humanitarian situation in Iraq has deteriorated significantly. According to a UNICEF report published on 26 November 1997 there are some 960, 000 chronically malnourished children in Iraq, representing a rise [sic] of 72% since 1991. The UNICEF representative in Baghdad has spoken of "a dramatic deterioration in the nutritional well-being of Iraqi children since 1991." Although the sanctions against Iraq did not qualify as a blockade *per se*, the naval embargo did significantly disrupt humanitarian aid shipments into the country.

海上封锁是习惯国际法的产物,[①] 在最近四个半世纪中,曾多次被用作针对沿海国的一种军事手段。从1584年荷兰对佛兰德斯进行第一次封锁开始,[②] 海上强国便开始利用封锁来阻止目标沿海国与任何其他国家（包括中立国）间的所有海上贸易。虽然各国对"封锁"一词的确切含义和适用于封锁国的具体权利和义务有一些分歧,但大多数国家都承认封锁是一种有效的军事手段。

封锁背后的理论是,通过阻止被封锁国港口的所有海上交通,并将封锁范围延伸到被封锁国可用于运输的邻国港口,可以对被封锁国的经济造成巨大损害。

封锁对现代工业化经济体最为有效。由于世界上很少有经济体在资源、能源、粮食方面能完全自给自足,随着时间的推移,贸易中断会对被封锁国维持军事行动的能力造成严重打击。封锁的核心要素之一是,它必须适用于所有国家的商业船只,包括封锁实施国的船只。也就是说,被封锁国与所有国家的海上贸易都要被切断。

## 三、中立法

为深入研究封锁行动,必须回顾适用于冲突期间船只的中立法。

---

[①] Customary international law (CIL) is derived through a constant and virtually uniform practice among States over a period of time, combined with a sense of obligation (*opinio juris*) to the effect of the binding nature of the practice. Rules of customary international law bind all states, except those that have objected persistently. For a discussion on CIL, see Andrew T. Guzman, *How International Law Works: A Rational Choice Theory* (Oxford: Oxford University Press, 2008) at ch 5.

[②] The Dutch naval blockade of Flanders (1585 – 1792) is widely considered to be the first example of modern blockade. Unlike the age-old concept of maritime siege, the Dutch blockade was focused on interdicting all maritime trade between Flanders and the rest of the world. Two of the fundamental differences between the previous practice and the new concept were that unlike siege, the goal of maritime blockade was not to attack or invade the coastal region, and that all trade, including that between the littoral states and neutrals was to be prevented. Thus, the nature of blockade was transformed from being a kinetic based operation into a form of economic warfare. *See* James F. McNulty, "Blockade: Evolution and Expectation" (1980) 62 US Naval War College International Law Studies 172.

国际法长期承认中立法，其对中立地位的表述是"所有国家都可以通过公开宣布等方式获得中立地位，选择不参与武装冲突"。① 当一个国家被交战方承认为中立时，交战方有义务尊重中立国的地位，不在中立国领土或领水从事军事活动，或干涉中立国事务。② 作为回报，中立国必须避免参与有助于任何交战方战争行为的活动，并有责任阻止任何交战方的交战部队将其领土用作避难所或行动基地。③

虽然关于陆地冲突的中立法在19世纪中叶已经相对稳定，但海上中立法的情况远非如此。虽然"海洋自由的司法原则和神圣罗马帝国一样古老",④ 但19世纪海战期间，缺乏尊重海上中立国权利的案例，实际上使这一原则变得毫无意义。⑤ 18、19世纪的战争不尊重中立法。进入20世纪，随着国际贸易日益繁密，各国开始协商中立问题。至1907年欧洲大国召开第二届海牙和平会议时，讨论的主要议题之一就是海上武装冲突期间18个中立国的权利。⑥

依据中立法和"无主之地"（res nullius）的原则，在武装冲突期间，所有中立船只在法律上都有权在公海上行使完全的行动自由，

---

① *Commander's Handbook*, supra note 7 at 7 – 1.

② The law of neutrality that emerged from customary law in the nineteenth century was codified in several of the Hague Conventions of 1907, including No. III, *Convention Relative to the Opening of Hostilities* (*requiring notice to neutrals of a state of war*); No. V, *Convention Respecting Rights and Duties of Neutral Powers and Persons in Case of War on Land*; No. VI *Relating to the Status of Enemy Merchant Ships at the Outbreak of Hostilities*; No. XI, *Convention Relative to Certain Restrictions with Regard to the Exercise of the Right of Capture in Naval War*; and No. XIII.

③ *Commander's Handbook*, supra note 7 at 7 – 2.

④ Thomas David Jones, "The International Law of Blockade – A Measure of Naval Economic Interdiction" (1983) 26 Howard LJ 759 at 759.

⑤ Jack L. Goldsmith and Eric A. Posner, *The Limits of International Law* (Oxford: Oxford University Press, 2005) at 51.

⑥ See in particular *Hague Convention* (*VI*) *Relating to the Status of Enemy Merchant Ships at the Outbreak of Hostilities* – 1907, 18 October 1907, 205 Cons TS 395, UKTS 006/1908; Cd. 4175 (*entered into force* Jan. 26, 1910).

不受交战军舰的阻碍。① 这种海上行动自由的权利对国际商业的运作和发展至关重要。由于海运是国际贸易的支柱,对其进行的任何干预都会对全球经济产生重大影响。

国际法明确规定,交战国没有义务袖手旁观,允许中立国补充或以其他方式支持其敌人的战争行为。根据1907年《海牙第十三公约》的规定,"中立国没有义务停止向交战方出口或转运武器弹药和其他军队和战舰用品"。② 《巴黎宣言》的条款非常清楚地表明,中立国可以运送敌方的货物,只要这些货物不是战时违禁品。③ 根据《伦敦宣言》,任何被认定违反封锁的船只都可能被扣押和/或被判罪。

伦敦会议的与会者,将《伦敦宣言》中的一章专门用于讨论战时违禁品问题。会议把货物分为三类:绝对违禁品,即具有明显军事用途的货物,如弹药和武器;有条件违禁品,包括可能具有双重用途的货物;不违禁的货物,也称为非违禁品或中立货物。④

在违禁品制度下,运载绝对违禁品的中立船舶在任何情况下都可以被捕获和扣押;运载有条件违禁品的船只,只有在运送货物供敌方政府使用时才能被扣押;只装载中立货物的船只不得被捕获。因此,如果一艘中立船只的目的地是敌方港口,则其被交战方捕获的合规性与其所载货物的类别直接相关。⑤

---

① *United Nations Convention on the Law of the Sea*, 10 December 1982, 1833 UNTS 397 (No 31363), UKTS 1989 No 81 (entered into force 16 November 1994, accession by Canada 7 November 2003) arts 87 and 89 [UNCLOS]. More recently codified in the *United Nations Convention on the Law of the Sea* is the principle that *res nullius* applies to the high seas. Under this principle, "the high seas are open to all States and, no State may validly purport to subject any part of the high seas to its sovereignty."

② *Hague Convention (XIII) Concerning the Rights and Duties of Neutral Powers in Naval War* – 1907, 18 October 1907, 205 Cons TS 395, UKTS 006/1908: Cd. 4175 (entered into force Jan. 26, 1910) at art 7 [Hague XIII].

③ *Paris Declaration Respecting Maritime Law* – 1856, 16 April 1856, Martens, Nouveau Receuil Général 1re ser, vol XV, UK, HC, c. in *Sessional Papers* vol 66 (1856), at art 2 [Paris Declaration].

④ Ibid, arts 22–44.

⑤ Ibid.

可悲的是，第一次世界大战演化成无限制战争，"消除了各类违禁品之间的区别"。① 任何驶往敌方港口或转运港口的中立船只都可以被封锁部队扣押，而无论其装载什么货物。

## 四、封锁法的发展历程

十七八世纪的战争史告诉我们，在《威斯特伐利亚和约》后的欧洲冲突中，封锁经常被用作海上作战的手段。尽管封锁很常见，但国际社会对封锁的特征和规则都没有达成共识。相反，封锁原则是随着时间的推移通过各国的实践和习惯发展起来的，并且通常是在未质疑针对其贸易伙伴的封锁的中立国默许下形成的。"随着时间的推移，各国对封锁的宣布、接受、拒绝相继达成了共识，形成了合法封锁的通用原则如下：（1）恰当建立；（2）广泛告知；（3）有效执行；（4）公平实施；（5）尊重中立权利。"②

## 五、对编纂封锁法的尝试

到了19世纪初，虽然封锁的五项一般原则得到了广泛的认同，但欧洲主要海上强国在封锁细节上的分歧"长期以来一直是令人遗憾的争执事由"。③ 到19世纪中叶，法规的不确定性推动了主要大国编纂封锁法。1856年，巴黎会议结束了克里米亚战争。在这次会议中，英国、奥匈帝国、法国、普鲁士、俄国、撒丁岛和奥斯曼帝国达成了第一个旨在缓和海战的和平时期公约。

---

① Jones, *supra* note 16 at 767.
② Michael G. Fraunces, *The International Law of Blockade: New Guiding Principles in Contemporary State Practice*（1992）101 Yale LJ 893 at 895.
③ *Paris Declaration*, *supra* note 22 at preamble.

大多数欧洲和南美洲国家①和参加克里米亚战争的所有国家②都加入了这个公约。该公约规定了四项通用规则，其主要目的是在战时保护中立商业，具体如下：长期废止私掠。中立船只可以运输敌方货物（战时违禁品除外）。除战争违禁品外，中立货物不应被敌方船只捕获。为具有约束力，封锁必须是行之有效的。也就是说，封锁必须由足以阻止敌方进出海岸的力量维持。③

虽然《巴黎宣言》是国际法领域尤其是海战法领域的一个转折点，但国际社会很快就发现，《巴黎宣言》没有充分解决封锁行动中交战权利和中立权利之间的冲突。尽管有效封锁的原则受到欢迎，并很快获得习惯法的地位，④ 但与封锁有关的许多最有争议的问题仍未解决。20世纪初最有争议的行为是远程封锁。所有驶往被封锁港口的船只（包括中立船只），都可能在距离敌方海岸数百英里的地方被拦截，甚至可能遭到扣押。⑤

由于19世纪末20世纪初海战的三大变化，远程封锁的概念应运而生。这三大变化是：第一，在武装冲突的同时进行经济战，对交战方越来越重要；第二，出现了大量海上新武器，使近距封锁变得不可能；第三，现代武器扩散到无力实施传统封锁的国家。⑥

---

① *Ibid* at signatories list.

② Henry Sumner Maine, "Naval or Maritime Belligerency" *International Law: A Series of Lectures Delivered Before The University of Cambridge* 1887 [unpublished], online: Yale University <http://avalon.law.yale.edu/19th_century/int 05.asp>.

③ *Paris Declaration*, *supra* note 22 at art 4.

④ See Hisakazu Fujita, "1856 Paris Declaration" in Natalino Ronzitti, ed, *The Law of Naval Warfare: A Collection of Agreements and Documents with Commentaries* (Dordrecht: Martinus Nijhoff Publishers, 1988) 61 at 61 – 72 While the concept of "effective blockade" effectively terminated the practice of "paper blockades", the meaning of "effective" remains unsettled to this day. Whereas some countries consider a blockade to be effective only if belligerent vessels remain relatively close to the targeted state's territorial waters, other nations consider that the distance that a blockading force operates from the targeted shoreline is irrelevant, so long as no belligerent or neutral vessels can pass without danger of interception.

⑤ Peter Malanczuk, ed, *Akehurst's Introduction to Modern International Law*, 7th ed (New York: Routledge 1997) at 351 – 52.

⑥ Robert D. Powers, "Blockade: For Winning Without Killing" (1958) US Naval Inst Proc at 63.

1907年的海牙公约要求起草一部规范的国际捕获法庭法规,于是,1908年至1909年间,世界十大海上强国在伦敦会晤,解决一些妨碍国际捕获法庭成立的分歧。它们会晤的成果是《海战法宣言》(Declaration Concerning the Laws of Naval War,下文称《伦敦宣言》)①,这是一部关于封锁通用原则的全面条约。该宣言规定,要合法实施封锁,必须满足以下五项基本要求:

(1) 封锁必须有效实施;纸上封锁是不可能的;封锁必须通过海军舰艇和武器系统来执行。

(2) 为使封锁具有约束力,必须宣布并正式通知;封锁可由封锁国或代表其执行任务的海军宣布。必须明确:

a. 封锁开始的时间;

b. 被封锁海岸线的地理界限;

c. 允许中立船只离港的时间。

(3) 封锁必须尊重中立国的权利。如果中立船只驶往中立港口或不携带违禁品,则不得将其捕获。

(4) 封锁必须是公平的。封锁必须公平地适用于所有国家的船只,包括交战国的商船和所有中立船只。

(5) 封锁必须是行之有效的——也就是说,封锁必须由足以阻止敌方进出海岸的力量维持。②

在伦敦会议上,大多数海上强国认为公海是无主之地,并且拒绝封锁连续航程——如果公海上的船只驶往被封锁港口或通过中立港口迂回运输违禁品到被封锁国,封锁部队可以拦截公海船只。在

---

① *London Declaration*, *supra* note 23.

② Fraunces, *supra* note 28 at 896, summarizing the *London Declaration*, *supra* note 23 arts 1–11.

与会国中,只有英国支持封锁连续航程。① 最终,谈判结束时,《伦敦宣言》第一条明确,"封锁不得延伸到属于敌方和敌方占领的港口和海岸之外。"②

尽管英国和伦敦会议的其他与会者共同签署了宣言,但英国上议院对设立国际捕获法庭的分歧和对"未来封锁行动"的担忧,导致上议院未能最终批准该宣言。③ 正如迈克尔·施密特指出的那样,"由于《伦敦宣言》旨在用作国际捕获法庭的法规,设立法庭被驳回使《伦敦宣言》变得多余。"④ 由于英国决定不批准《伦敦宣言》,20世纪第一次也是唯一一次实质性的编纂封锁法尝试遭到挫败。

虽然该宣言中关于实施封锁的大多数规则被普遍接受为习惯国际法,但回顾20世纪初的法规文献,可以看出主要海上强国在伦敦开会时仍存在重大分歧。⑤ 远程封锁仍然是主要的分歧领域之一。⑥

## 六、20世纪的实例

现代战争越来越强调,通过拦截敌方商船和军舰以及阻止所有中立国与敌方的商业贸易,将敌方与外部援助和资源完全隔断。严

---

① James Brown Scott, *The Declaration of London February* 26, 1909: *A Collection of Official Papers and Documents Relating to the International Naval Conference Held in London December 1908-February* 1909. (New York: Oxford University Press, 1919) at 74, referring to Austrian submissions on the topic of continuous voyage at the London meetings. "The so-called" theory of continuous voyage, "applied by the prize courts of some Powers, is rejected almost unanimously by the continental authors. By admitting that there could be contraband between neutral ports, every neutral vessel would be susceptible of being captured under pretext that the goods it was carrying could, by detours, reach the enemy. Goods which, according to the ship's papers, are destined for a neutral port can not, in all justice, be seized."

② *London Declaration*, supra note 23 at art 1.

③ Fraunces, supra note 28 at 896.

④ Michael Schmitt, "Aerial Blockades in Historical, Legal and Practical Perspective" (1991) 2 USAF Acad J Legal Stud 21 at 28 [Schmitt, "Aerial Blockades"].

⑤ For an excellent discussion on the issues facing the participants in the London Conference, see generally Scott, supra note 38.

⑥ *Ibid* at 73–88.

格按照传统规则实施的封锁，基本上并没有进一步扩展这类行动。①

## （一）第一次世界大战

随着1914年第一次世界大战爆发，封锁法规受到了考验。尽管盟国和中立国敦促英国遵守《伦敦宣言》的规定，特别是不要实施远程封锁，但英国无视这些要求。英国认识到"在一个水雷、鱼雷、潜艇、飞机遍布的时代，只在海岸附近部署封锁部队是不可行的"。② 英国军舰在北海巡逻，拦截并扣留了数以千计的商船，这些商船被认为装载着运往敌方目的地的货物。

皇家海军实施远程封锁行动的做法直接违反了《伦敦宣言》的规定，该宣言规定：封锁不得延伸到属于敌方或被敌方占领的港口和海岸以外（第1条）；中立船只不得因违反封锁而被捕获，除非在明确标识的执行封锁的军舰行动区内（第17条）；封锁部队不得阻止船只进入中立港口或海岸（第18条）；无论船只和所载货物的最终目的地是哪里，如果当时船只正处于前往非封锁港口的航程中，就不能因其违反封锁而将其抓获（第19条）。③

皇家海军激进地展示海上力量，在中立国引起了相当大的不满，其中许多国家（包括美国）④ 与德国有着密切的贸易联系。⑤ 正如戈德史密斯教授所说，"众所周知，战争摧毁了海上权利法的一切伪装。"⑥

---

① *Commander's Handbook*, supra note 7 at 7–11.

② Schmitt, "Aerial Blockades", supra note 41 at 29.

③ *London Declaration*, supra note 23 at art 37. Under the London Declaration a vessel carrying goods liable to capture as absolute or conditional contraband could be captured on the high seas or in the territorial waters of the belligerents throughout the whole of its voyage, even if it were to visit another port before reaching the hostile destination. This provision, however, applied only to vessels whose ultimate destination was a belligerent blockaded port. It did not generally apply to vessels that were off-loading their cargoes in neutral ports for trans-shipment.

④ Schmitt, "Aerial Blockades", supra note 41 at 29.

⑤ National Archives of the United Kingdom, "Spotlights on History: The Blockade of Germany" online: The National Archives < http://www.nationalarchives.gov.uk pathways/firstworldwar/spotlights/blockade.htm > ["Spotlights on History"].

⑥ Goldsmith and Posner, supra note 17 at 51.

## 第十章 海上封锁行动

随着第一次世界大战的延续,特别是德国启动无限潜艇战政策后,皇家海军开始在公海扣押装载运往轴心国货物的中立国船只,不管货物是否包括违禁品。1917 年的战时内阁文件表明,英国扩大了封锁,阻断了北方中立国与世界其他国家之间的贸易,[①] 使货物不能运输到德国。[②] 英国承认其行动处于国际法的边缘地带,因此与北方各中立国达成了双边协议。这些协议针对所有与德国接壤中立国的海外"进口",以及所有与封锁德国有关的海外货物。[③]

随着封锁行动在两次世界大战中的演变,《伦敦宣言》第 18 条关于禁止拦截驶往中立港口船只的规定,最终被各方无视。这种演变催生了关于连续航程的理论。根据连续航程理论,"试图破坏封锁的行为包括:船只……为逃避封锁……离开港口,以及离开封锁区的船只继续航行,直到航行结束。如果船只或飞机的最终目的地是被封锁区,那么船只或飞机在被拦截时是否前往中立领土并不重要。"[④] 根据这一理论,只要运往中立国的货物可能被转运到被封锁区,就可以推定运载这些货物的船只试图破坏封锁。

由于可能干涉中立航运,连续航程理论一直是海战法中的争议事项之一。正如海因策·冯·海因格(Heintschel von Heinegg)教授所指出的,这一理论并没有被普遍接受。事实上,"它只在英美等国的军事手册中得到承认",[⑤] "大多数欧洲大陆专家一直拒绝该理论对封锁的适用性"。[⑥]

虽然连续航程的理论已经被许多国家拒绝,但当代实例,特别

---

① The northern neutral nations were Norway, Sweden, the Netherlands, and to a limited extent, Denmark.

② See "Memorandum to Cabinet In Regard to the Present Position of The Blockade, January 1st, 1917" online: National Archives (UK) < http://www.nationalarchives.gov.uk/pathways/firstworldwar/transcripts/spotlights/cabinet_memo_blockade.htm.

③ Goldsmith and Posner, *supra* note 17 at 3.

④ *Commander's Handbook*, *supra* note 7 at 7 – 11.

⑤ Canadian Forces, *The Law of Armed Conflict at the Operational and Tactical Level* (Ottawa: Department of National Defence, 2001) [Canadian LOAC Manual] does not mention the doctrine of continuous voyage.

⑥ Wolff Heintschel von Heinegg, "Naval Blockade" in Michael N. Schmitt, ed (2000) 75 International Law Studies 207 [Heintschel von Heinegg, "Naval Blockade"] at 214.

是二战后对它的普遍默许（即各国没有正式反对），表明它可能已经获得了习惯国际法的地位。

与封锁连续航程相关的，是划定封锁区的做法。封锁区是指海峡等具有重要战略意义的航道区域，一旦被封锁，可能会阻碍船只进入一国海岸线或其一部分。封锁区对较小规模的海军部队特别有效，尤其是在长海岸线作战时。[1] 封锁区通常利用潜艇或水雷（更为常用）来实施。封锁区几乎可以在任何地区划定，而成本又非常低。尽管绝大多数国家没有对美国使用水雷实施封锁表示反对，[2] 但这种形式的封锁受到了许多评论家的严厉批评。[3] 对这种封锁形式的批评主要有：它无法保证封锁的有效性，而且水雷可能不分青红皂白地炸沉船只，无论其货物和用途如何，而不是先将其捕获。

## （二）联合国行动

《联合国宪章》第42条明确规定，为维护或恢复国际和平与安全，安理会可以把封锁用作对一个国家的强制手段。由于《联合国

---

[1] Insofar as blockade zones are generally used to deny access to a single port rather than an entire coast-line, many observers question the legality of such operations under customary international law. Recalling that a blockade must be effective in order to be legal, many commentators argue that unless there is a physical presence of naval assets sufficient to make transit dangerous, the blockade cannot be lawful. The test of dangerousness essentially turns on the probability of interception. See Richard Jacques, ed., *Maritime Operational Zones* (Newport: United States Naval War College, 2006) at 4–23.

[2] The USSR was the sole state that officially objected to the naval mine blockade of Viet Nam. It is relevant to note that the USSR was the principal supplier of weapons and material to North Viet Nam and that sea transport of such material was the only viable method of supply. Thus, the USSR was not objecting from the point of view of the party that was most affected by the matter. This is a very important factor in determining whether or not a practice develops into CIL. See Antonio Cassese, *International Law* 2nd ed (Oxford: Oxford University Press, 2005) at 156–163. See also Anthea Elizabeth Roberts, "Traditional and Modern Approaches to Customary International Law: A Reconciliation"(2001) 95 Am J Int' l L 4, 757.

[3] See Heintschel von Heinegg, "Naval Blockade", *supra* note 55 at 215. It should be noted that in contrast to that of Professor Heintschel von Heinegg, the US position is that the closing of Haiphong and other North Vietnamese ports, accomplished by the emplacement of mines, was undertaken in conformity with traditional criteria of establishment, notification, effectiveness, limitation, and impartiality. For US position see *Commander's Handbook*, *supra* note 7 at 7–11.

宪章》明确提到了封锁，一些海战方面的权威专家认为，在《联合国宪章》的时代，不需要单独的封锁法。他们提出这种论点的依据是，根据《联合国宪章》的规定，没有联合国安理会的同意和指令，不得采取封锁等行动。考虑到《联合国宪章》第 103 条规定"在本宪章下的义务与其在任何其他国际协定的义务发生冲突时……联合国会员国应以本宪章为准"，① 这种论点变得特别有说服力。《联合国宪章》中提到的"至高无上条款"被普遍接受，这意味着如果安理会的决定与一个或多个国家可能需要承担的任何义务发生冲突时，以安全理事会的决定为准。② 因此，在联合国安理会授权实施封锁的情况下，联合国安理会对封锁的规定，将优先于当前关于封锁的习惯法。正如海因策·冯·海因格教授所说，"这种观点当然是有道理的，因为安理会在依据宪章第七章决议采取行动时有广泛的酌处权，而且它不受主要旨在规范武装冲突中国家行为的国际法规则的直接约束。"③

更重要的是，对封锁法问题特别重要的是，当安理会依据宪章第七章规定，通过一项"呼吁所有会员国"采取行动的决议时，只有两类国家，即受安理会告诫的国家和组成国际社会的国家，安理会代表后者采取行动，不存在中立国。在这种情况下，传统的封锁概念变得毫无意义，因为封锁的主要作用之一是阻止所有中立船只进出目标国。

联合国依据第 42 条实施的封锁，往往与传统封锁有一点重要的不同。联合国的行动通常被归类为禁运，也就是说，针对的是特定物品，而不是完全切断海上贸易。④ 通过实施针对特定物品的禁运，

---

① *UN Charter*, *supra* note 5 at art 103.
② See, B Fassbender, "The United Nations Charter as Constitution of the International Community"(1997), 36 Colum J Transnat'l L 529 at 586.
③ Heintschel von Heinegg, "Naval Blockade", *supra* note 55 at 217.
④ See e. g. UNSC Res 1973 (2011) – The Situation in Libya; UNSC Res 665 (1990) – Arms embargo against Iraq; UNSC Res 700 (1991) – Guidelines on Arms and Dual Use Embargo Against Iraq; UNSC Res 713 (1991) – Arms Embargo Yugoslavia; UNSC Res 1160 (1998) – Arms Embargo Yugoslavia.

联合国有效重建违禁品制度，允许海军拦截和搜查驶往交战港口的船只，但只能扣押那些违反联合国安理会相关决议运输违禁品的船只。

特别值得注意的是，安理会通过的决议从未明确阻止人道主义物品过境，在某些情况下，人道主义物品过境是明确允许的。虽然禁运制度对目标国家经济的影响通常不如封锁那样大，但禁运可能通过阻止军用和军民两用物品运输，对目标国进行战争的能力造成重大限制。

（三）现代封锁

封锁习惯法被《联合国宪章》取代的论点是站不住脚的，因为其假定是国际武装冲突都遵守《联合国宪章》规定，这显然不符合实际。正如在英阿马岛战争、科索沃战争和2003年美伊战争中所看到的那样，当代许多冲突超出了《联合国宪章》的框架。在这种情况下，适用于封锁的习惯国际法必然有法律效力。

图书在版编目（CIP）数据

海上军事行动法部分重要行动样式研究/韩晓峰，邵晶晶著．—北京：时事出版社，2019.9
ISBN 978-7-5195-0032-0

Ⅰ.①海… Ⅱ.①韩…②邵… Ⅲ.①海军—军事行动—军法—研究 Ⅳ.①E153②E126

中国版本图书馆 CIP 数据核字（2019）第 184325 号

出 版 发 行：时事出版社
地　　　　址：北京市海淀区万寿寺甲 2 号
邮　　　　编：100081
发 行 热 线：（010）88547590　88547591
读者服务部：（010）88547595
传　　　　真：（010）88547592
电 子 邮 箱：shishichubanshe@sina.com
网　　　　址：www.shishishe.com
印　　　　刷：北京旺都印务有限公司

开本：787×1092　1/16　印张：12.5　字数：200 千字
2019 年 9 月第 1 版　2019 年 9 月第 1 次印刷
定价：78.00 元

（如有印装质量问题，请与本社发行部联系调换）